人は何歳まで走れるのか？

不安なく一生RUNを楽しむヒント

南井正弘
Masahiro Minai

集英社

人は何歳まで走れるのか？

不安なく一生RUNを楽しむヒント

南井正弘

Contents

挿画／しらこ
装丁／尾山叔子

はじめに

２００７年の11月から、ほぼ毎日走るようになりました。

その少し前、スポーツブランドが主催したメディア対抗の走行距離を競うイベントがあり、他のチームに負けたくない一心で毎日走ったことがきっかけでした。

最初の半年は５㎞、それ以降は６㎞に距離を延ばし、１年に10日から２週間ほど走らない日はありますが、現在まで毎日のように走り続けています。

仕事関係の知り合いや友人からは「毎日走るって凄い！」と言われますが、走る時間は決めず24時間どこかで走れるときに走る、無理をせずに自分が楽しいというペースで走るというスタイルが自分にマッチしていたようで、６㎞という距離は翌日に疲労を残すこともなく、大きな故障もなかったことから、15年以上継続できています。

走ったあとはご飯が美味しいということを始めとして、走ることでよかったと思うことは枚挙に暇《いとま》がありませんが、最もよかったのは、同年代の人と比較して健康でいられたこと。

56歳という還暦を間近にした年齢にもなると、同世代との会食で、「俺は○○が悪くて入院した」「私は腰痛が治らない」等々、病気の自慢大会のような感じになることは珍しくありませんが、自分は、この15年というもの病気知らずで、風邪をひいたとしても鼻水が出る程度。熱が出て寝込んだことは一度もありませんでしたし、毎日のように走るようになって、歯医者以外の病院に行ったこともなく、市販の胃腸薬、鎮痛剤を含め薬の類を飲んだことも一切ありません。ドラッグストアでの買い物も、シャンプー、歯磨き粉といった日用品と虫刺されの塗布薬や虫よけスプレーといったものくらいです。

基本的にシューズさえあればできるランニングは時間や場所も選びません。プレーのために野球は18人、サッカーは22人必要ですが、ランニングは一人でもできるので、そういった意味でも最も始めやすいスポーツといえるでしょう。

一方で動作が単調なので、それが我慢できずに三日坊主でやめてしまう人も少なくありませんし、同じ動作を繰り返すことから、負荷が1か所に集中して、変形性膝関節症を始めとした膝《ひざ》、腰、踵《かかと》といった部分の故障が原因で、走ることを諦めたランナーの話を聞く機会も多いです。

　これまでは順調に走るのを楽しむことができていますが、最近は「自分はいつまで走ることができるのだろうか？」と考えることもあります。実際に自分が走り始めた頃に一緒にランニングを楽しんでいた人の多くは、走ることをやめてしまっています。

　その理由は故障だったり、目標タイムを達成したことで燃え尽きてしまったからですが、

「自分も走ることをやめてしまうときが来るのだろうか？」

「より長く走り続けるための秘訣はあるのだろうか？」

といったことが頭をよぎります。

　走力をアップさせ記録を向上させるには、ある程度負荷の高い練習を行うことで筋肉を疲労させることが必要です。そこで十分な休息をとることで筋肉が回復し修復され、トレーニング前よりも筋力が向上します。

　これを「超回復」といい、超回復が起きるのを待ってから練習を再開したほう

が、効率よく筋力アップが可能といわれていますが、自分は超回復という現象について理解しつつ、あえてほぼ毎日の6㎞ランと3日に一度のスポーツジムでの筋トレを続けてきました。天気のよい日などは6㎞よりも長い距離を走りたくなるものの、腹八分目ではないですが、「まだ走りたい！」というところであえてやめることで、翌日以降もモチベーションをキープできます。

負荷の高い練習は走力アップには効果的ですが、故障のリスクは高まります。

「6㎞程度の距離で、それほど負荷のないペースなら、疲労の蓄積もほとんどないから、毎日走っても問題ないですよ！」

という著名なランナーのアドバイスがあったのと、1～2日の休息のつもりが、それをきっかけとして走ることやスポーツジムでのトレーニングをやめてしまった人たちを何人も見てきました。自分にとってランニングはスポーツの一種というよりも生活の一部なので、ほぼ毎日走るということを、これからも変えることはないでしょう。

自分のランナーとしてのモットーは、速く走ることよりも、年齢を重ねてもいかに楽しく走り続けるかであり、80歳になったとき、ボストンクオリファイというボストンマラソンの出走条件のタイムをクリアして参加、完走することが長期的な目標です。

今回、「人は何歳まで走れるのか?」というテーマを探求すべく、高齢になってから走り始めたランナー、オリンピックのメダリスト、自らも走り、人体の構造を知り尽くした医師、動作解析の専門家といった多岐にわたる人々のお話を聞くことができました。

どの方のお話も、自分がこれからの人生で走り続けるためにとても参考になるものでした。この本はランナーであるみなさんにとっても、長く走るためのヒントになると思いますし、ランナー以外の方も、この本を読んだことで走り始めるきっかけになりましたら幸いです。

遅く始めた人ほど長続きする?
99歳現役ランナーの日常

福田《ふくだ》玲三《れいぞう》
1923生まれ、RUN歴40年

市民マラソン大会に参加する女性も増えてきたとはいえ、やはり目立つのは40～50代の男性ですが、フルマラソンのコース上で、どう見ても70代以上に思える人もポツポツ目にします。あの猛者たちは、42・１９５㎞を走り切るための体力と気力を、一体どうやって維持しているんだろう?

日本最高齢ランナーって何歳くらいなのかと調べていて、『走る高齢者たち　オールドランナーズヒストリー』（梨の木舎・刊）という本を見つけました。著者の福田玲三さんが全国各地に住む80～90代のランナー7名へのインタビューをまとめてあり、なんとも興味深い一冊。自身もランナーで現在99歳の福田さんに会って、お話を伺うことに。

初冬の昼下がり、指定の駅改札で待っていると、ニット帽をかぶった年配の男性の姿が。ご一緒にすぐ近くのカフェに向かうと、娘さん（60代）が席を確保してくれていました。

――福田さんが走り始めたきっかけを教えてください。

56歳のとき、第2回東京国際女子マラソンを見て、自分も走りたいなと。最初は走るところを見られるのが恥ずかしくて、朝まだ暗いうちに、事故にあわないよう上下真っ白の目立つ服装で家を出発。今みたいにいいウェアもなかったから、厚ぼったい綿の服で。何度かフルの距離を試走して、2年後に58歳で第1回佐倉朝日健康マラソン（1982年）に参加し、4時間18分で完走しました。昔はマラソンは特別な人のためのものだったから、それに自分が挑戦して完走できて、本当に嬉しかった。

佐倉マラソンに10年ほど続けて参加するうち、最後のほうはタイムオーバー（制限時間5時間）となってしまい、しょげていたら「7時間制限の大会があるよ」と教えられ、今度は荒川市民マラソンへ。こちらも制限時間がきつくなってきて8時間の淀川市民マラソン、10時間の伊豆大島一周マラソンと目標を変え、最後は制限時間なしのホノルルマラソンへ出ることにしました。

――マラソン大会へは娘さんもご一緒に参加されるんですか。

十数年前に妻が亡くなってから、心配だって長女が付き添うように。お守り役ですよ。
（玲三さん）

父のスピードに合わせて一緒にゆっくり。走るのは嫌いじゃないし、給水エイドも楽しみです。最初のうちは、「娘さん」と言われていたのに、最近は「奥さんですか」って、どういうことかしら（笑）。（娘さん）

――２０１６年のホノルルマラソンの年代別部門で入賞、おめでとうございます。

90～94歳で男子2位、といっても二人しかいなくて。1位の塩田さんは8時間47分と私より2時間以上も速い素晴らしいタイムで、ぜひ会ってみたいと連絡をとったら、私より2歳下でね。

――ご著書の取材で会った高齢ランナーたちの印象は？

マラソンは一歩一歩の積み重ね。自分の足しか頼るものがなくて、ごまかせないから、言動にも嘘がない。みなさん人生を十二分に楽しんでいて話が合います。若い頃から競技をやってる人は、60歳過ぎるとやめちゃうことが多いけれど、取材した人たちのほぼ全員、走り始めたのが60歳前後。高齢から始めた人のほうが長続きするようです。

――最近は、ノルディックポール（杖《つえ》）を使用されているとか。

腰が曲がってきたし、高低差があるときはポールがあると楽で、ホノルルの前、伊豆大島マラソン（２０１５年）から使い始めました。ホノルルは鷹揚《おうよう》で、バギー（乳母車）を押しながら走る女性もいるしね。

――２０１８年にはローザンヌマラソンの、10㎞ノルディックウォーキング部門にも参加し、みごと完走されていますね。

現地に次女一家が住んでいるし、行ってみようと。長女も日本から同行してくれて。レース当日は気温５℃みぞれと、コンディション最悪で、毛糸の帽子、手袋、首には白いタオルを巻いてスタートしました。復路では雨が上がり気温も高まって、２時間42分でゴール。レマン湖の眺めに心安らぎました。

こうして国内外のマラソンに参加できるのも、日本の近隣に戦争がないからだと思わずにはいられませんでした。

――現在はどんなトレーニングを？

２０１９年に胃がんが見つかって、その手術がきっかけで、ランからウォークに変えました。毎日16時すぎから1時間、週に1回は3時間、雨の日も風の日も雪の日も歩きます。今は普段もポールを使っています。

ずっと家にこもっていると、うつになりやすい。１時間歩いてくると、からっと気持ちが晴れますね。途中の児童公園にある大人用の鉄棒で、懸垂して首を鉄棒の上に出し、身体の前後の揺れを数えます。それが手術前は20回前後だったけど、この頃は32回！　この年になって体力がつくなんて、自分でもびっくりです。
年をとると転倒がひとつの転機となりやすいけれど、私は鍛えているせいか転んでも何ともない（笑）。

――超回復ぶりですね！　食事や日常生活は？

今はもう普通の人と同じ食事で、お酒も毎晩。白ワインをコップ半分くらい。長年毎朝フランス語を勉強していましたが、最近は英語。ひとつの語学をやるのに10年はかかるね、学校に行かず自分でだけだから。あと、朝夕あぐらかいて両手で足の裏を１００回さするのも毎日必ず。

——福田さんにとって、走るとは？

走るのは自分のためでもあるし、人のためでもある。介護で身内の世話になるのは嫌だしね。加齢とともに「今まで通りにはいかないよ」と自分に言い聞かせつつ「でも続けられるんじゃないか」という気も。大会に出てスタートにつける幸せ、自分の足で確かめる楽しみ。平和じゃなくちゃ走れないから。

〝はじめに〟にも書きましたが、自分の目標は80歳のときに自力でボストンマラソンの出走権を獲得して走ること。しかしながら福田さんのお話を聞いて、ホノルルマラソンの年代別1位に目標を変えてもいいかと思いました。

それが自分が何歳になったときかはわかりませんが、走ることを続ければ続けるほど、実現できる可能性が高まるはずです。

それにしても99歳で運動を続けていることは尊敬以外の何物でもありません。

身体に負担をかけず、速く走れるランニングフォームとは?

藤井《ふじい》 透《とおる》
ダートフィッシュ・ジャパン取締役常務

ゴルフやテニスといったスポーツを始めようとしたとき、誰にも教わらず、自己流を選択する人は少数派でしょう。一方でランニングは、最初から指導を受けようとする人のほうが少ないと思います。なぜなら走るという動作は人間の本能であり、ほとんどの人が一度は走ったことがあるからです。

しかしながらここに落とし穴があります。誰もがある程度走れてしまうことから、微妙に身体を痛めつける走り方になっている人が少なくないのです。

ここではスイスに本拠地を置く動作解析の世界的な企業、ダートフィッシュ・ジャパンの藤井透さんに身体に負担の少ないランニングフォームを解説していただきました。

――効率的に走るための基本のようなものはありますか？

最初に走るという動作のメカニズムを解説すると、立っている状態で身体を前方に傾けると、身体を支えようとして、自然に足を地面に着こうとすると思います。そして、このときに地面からの反発を得ると身体は前に進みます。これを素早く繰り返すことが走るという動作の基本になります。

――昔前のランニング入門書では「踵から着地して徐々に足の外側を前方にローリングさせて蹴り出す」みたいなのが理想形とされていましたが、現在では効率的に走ることができる着地は、このような着地ではないとされていますよね？

現在では踵から着地しなければならないということはなく、トップアスリートの着地位置も様々なように、ランナーそれぞれにマッチした箇所で着地すればいいという考え方になりました。速く走るためには、足を地面に着いて地面から反発を得るという動きを、いかに効率よくクイックに行うかが最も重要になります。

——速く走ることができるフォームと、身体への負担が少なくて、年齢を重ねても走り続けられるフォームは同じなのでしょうか？　それとも違うのでしょうか？

速く走るフォームは、著名な選手のフォームを見てわかるように、着地して蹴り上げたあとに踵がお尻方向に引き上げられ、横から見るとカタカナの「レ」のようになったあと、足を引き付けて、次の着地へと足をさばきます。この一連の動作が素早く行われることで、脚全体が回転するような動きとなります。トップレベルでも足が後ろに流れる選手もときどきいますが、効率を考えると、前述のような脚の動きをキープし続けることが、速く走る近道といえるでしょう。

次に身体への負担が少なくて、年齢を重ねても走り続けられるフォームは、とにかく負荷が1か所に集中することを避けるのがポイントとなります。着地に関してはできる限り広い面積で行い、踵だけ、つま先だけのように局所で接地することは避け、足をフラットに着地させると、脚全体をショックアブソーバーのようにして着地衝撃を吸収することができ、足首、膝、腰といった部分への負荷が和らぎます。

ハンドボールやバスケットボールといった、左右の切り返しがあるスポーツでは、踵から急に筋肉がのばされた状態で着地したプレーヤーほど靭帯《じんたい》などを損傷するリスクが高く、足の裏全体で着地するプレーヤーのほうが故障しにくいという研究結果もあります。

——自分は２００７年の11月からほぼ毎日５〜６㎞走っていますが、ほぼ故障なしで続けられています。あるランニングの専門家の方から「フラットに着地して、脚全体で上手く着地衝撃を吸収していますね」と言われたことがありました。これからも負荷が１か所に集中しない着地を心がけたいと思います。

マラソンなどのロードレースでは途中で給水やエネルギー補給できますが、人間は基本的に体内にある物質をエネルギーとして代謝させて身体を動かします。それだけに効率のよいフォームで走ったほうが、脚力を的確に路面へと伝えられ、長い距離を走ることができます。

まず注意すべきは、骨盤を適度に前傾させるということ。直立した状態で腰の前部に手を当て、骨盤を前に倒すように回すと、勝手に身体が前に進むと思います。走っているときに、この前傾の意識を忘れないようにすることが重要です。

次に大切なのは肩甲骨の可動域をキープすること。肩甲骨が自由に動く状態にしておくと、上半身だけでなく、下半身の動きもスムーズになります。

日々のランニングで「今日は走りにくいなぁ」と思ったときや、ロードレースの中盤以降などで「この5㎞は極端にペースが落ちた……」と感じたときは、身体が反りかえって走っていたり、肩甲骨周囲が凝り固まったようなフォームになっている可能性が大です。そうなると、腰が落ちたフォームだったり、脚だけを動かす小さな走りになってペースが上がりません。骨盤の前傾と肩甲骨の動きを意識してみてください。

――加齢により膝や腰といった部分の痛みを訴えるランナーも少なくないですが、関節や骨の寿命を延ばすには筋肉量を増やすことが効果的と聞きました。適度に筋トレをすることは走りの質を向上してくれるのと同時に、故障の防止にもなるのでしょうか？

最近では〝貯筋〟という言葉も使われており、「運動を行うことによって筋肉を鍛え、それを貯金のように持続しましょう」という考え方が知られるようになりました。長距離競技のトップアスリートも、ただ走るだけでなく、筋トレやスクワットを始めとした補強運動を取り入れた選手も多く、早くからこれらトレーニングを取り入れたランナーのほうが結果を出している印象があります。

一般のランナーも、足を左右に広げて行うスクワットや前後に開くランジのような補強運動により筋肉を肥大することで、走力を向上できるだけでなく、関節を保護するという意味もあるので、故障の防止にもつながると思います。あとは加齢により身体の各パーツが硬くなることも故障の発生頻度を高めてしまうので、日々の柔軟運動も欠かさないようにしたいです。

――忙しいとついつい柔軟運動やストレッチをサボりがちになりますが、ケガを未然に防ぐためにもしっかりと行うようにします。

スロージョギングは、ウォーキングの約1・5〜1・8倍消費カロリーが多いです。

ゆっくりであっても、定期的に走り続けることは健康維持のためにとても効果的で、ウォーキングで同じ効果を得ようとすると、かなり長い時間が必要となります。スロージョグでもいいので、走ることを継続したいですね。

藤井さんからランニングフォームに関する話をお聞きして、自分に当てはめると、脚全体で衝撃を吸収するようなフォーム、肩甲骨の自由な動きをキープすることはできていますが、骨盤の前傾を意識することは、ここ5年ほど忘れていました。

骨盤の前傾を意識して走ってみると、今までよりも脚の動きがスムーズになり、自然とペースが上がり、エネルギーの消費も少ない気が。もちろん、効率よく走ることができるので、身体への負荷も少なくなったのは間違いありません。年齢を重ねても走り続けるために、骨盤の前傾と肩甲骨の可動域のキープは、これからも気を付けたいと思いました。

年齢を重ねても走り続けるために
ランニングギアにこだわろう！

極論すれば、ランニングに必要なギアはシューズだけといっても過言ではありません。それだけにシューズ選びに関しては、足型、体重、着地位置、ランニングフォーム、ランニングスタイルなどを考慮して各々に合った1足を選びたいところです。

以前の日本では「軽いシューズ＝いいシューズ」という考え方が優勢でしたが、最近では軽量性よりも、足の保護性能、安定性、反発性といった機能を確保することのほうが重要ということが知られるようになりました。

フォームによっても異なりますが、ランニングの着地時には体重の2〜3倍の衝撃がかかるといわれています。それだけに衝撃吸収性能に優れたランニングシューズは、年齢を重ねても走り続けたいと思っているランナーにとって必要不可欠な存在といえるでしょう。

現在、日本のランニングシューズ市場では数え切れないほどの製品が販売されていて、あらゆるレベル、様々なタイプのランナーの要望に応えることができます。一方で、展開されているモデルの数が多すぎて、「どれを選んだらいいのか?」と悩むランナーも少なくありません。長年走り続けているランナーは、すでに自分なりの靴選びが確立しているかもしれませんが、もう一度基本をおさらいしてみましょう。

ベテランランナーこそ見直すべき シューズの選び方

前述の通り、一昔前の日本では、「ランニングシューズは軽くあるべき!」という考え方が大勢を占めていましたが、最近では軽さのみでランニングシューズを選ぶことは少なくなりました。

脚力がしっかりと備わった上級ランナーは、自らの脚力を効率よく伝えるためにクッション性や保護性能は、それほど必要としないので、そういったパーツを排除することで、完成したシューズは軽量に仕上がります。

一方で一般ランナーを対象にしたランニングシューズにはランナーを保護したり、快適な走り心地を提供するために様々なパーツが配されます。逆説的に捉えると、適度な重さは、身体を着地時の衝撃などから守るスペックを有している証明といえるでしょう。


ランニングシューズを選ぶ際に、衝撃吸収性を充分に備えていることと同じくらい重要なのが、「ランナーがどのような着地タイプなのか？」という点です。

着地の際に足が内側へと倒れ込むことをランニングの専門用語でプロネーションといいます。適度なプロネーションは問題ないのですが、これが過度になると、オーバープロネーション（過回内）といい、ランニング障害の大きな原因のひとつとなることが知られています。そのためにサポートタイプと呼ばれるオーバープロネーションを抑制する機能を採用したシューズが各ブランドから発表されています。

その仕組みの多くは、足を包むアッパーと地面に接するアウトソールの間に設けられた、ミッドソールと呼ばれるフォーム材でできたパーツの内側の硬度を上げることで、過度な内側への倒れ込みを防いでいました。

日本では10年以上前、一般ランナーの間で、このサポートタイプがポピュラーだった時代があり、着地から蹴り出しまで過度の倒れ込みのないランナーまでがサポートタイプを履いていることが珍しくありませんでした。

自分に合うシューズを履けば最大限に力を発揮できる

こうしたランナーは、本来なら過回内の抑制機能の付いていないニュートラルタイプのランニングシューズを履くべきです。各々にマッチしたシューズを履かないと、ランナーが持っている本来のパフォーマンスを発揮できません。

最近では各ブランドの直営店、大型スポーツ店などでは、トレッドミル（ランニングマシン）や動作解析システムを導入することで、それぞれのランナーのスタイルにマッチしたタイプのシューズを選ぶことが可能となっています。

「最近、スムーズに走れない気がする……」

「シューズの内側に乗り上げるような感覚がする……」

というランナーは、ランニングフォームを分析してもらうのもいいでしょう。

ニュートラルタイプのシューズがマッチしていたランナーが、時を経てサポートタイプのシューズのほうが合うようになったり、その逆のケースも珍しくありません。

長く走り続けているランナーこそ、履くべきシューズを見つめ直すいい機会かもしれません。正しいシューズを選んで、骨や関節への負担を最小限にすることは、年齢を重ねても走り続けるために、とても重要なことなのです。

シューズは何足必要か
練習と本番とで替えるべき？

所有すべきランニングシューズの数は、それぞれのランナーの考え方や立場によって異なると思いますが、ひとつだけいえることがあります。

それは２日連続で同じランニングシューズで走らないほうがいいということです。

着地衝撃を吸収するパーツであるミッドソールは、ＥＶＡ（エチレンビニルアセテート）やＰＵ（ポリウレタン）といった合成樹脂で作られており、これらの素材内部の気泡は着地衝撃によって潰れ、連続で履くと、元の形状に戻る前に衝撃を受けることになり、劣化が早くなるからです。

また、靴内部も汗で湿ったままで履くと、素材の傷みが早くなります。このような点からも最低２足のランニングシューズは持つべきです。

同じようなタイプを２足買うのもいいですし、メインの１足はスタンダードタイプのランニングシューズにして、１足は少し速めのペースで走りやすいタイプにしたり、反対にゆっくり走りたい日にピッタリなクッション性がよいタイプにするのもよいでしょう。

個人的には違うタイプのシューズを２足以上所有したほうが、気分転換にもなり、長く走り続けるモチベーションになる気がします。

ウェアやソックスも進化し続けている

そして、軽視されがちなのですが、とても重要なギアといえるのがソックスです。

ほとんどのランナーは裸足でランニングシューズを履きません。それだけに足が直接触れるのはソックスであり、ソックスがシューズと接触します。それゆえ、ソックスのフィット感がよくないと、ランナーの脚力を上手くシューズ、そして路面へと伝えることができません。

しかしながら、街や公園を走っているランナーのソックスを見ると、「スポーツ用のソックスじゃないなぁ……」とか「サイズが大きすぎて踵の周囲に余りができていそうだ」ということが少なくありません。

安くてもよいので、走るときはカジュアルソックスではなくスポーツソックスを履きましょう。また、ソックスは小さすぎるサイズを選ぶと爪が変形したり、つま先を痛めますし、大きすぎるサイズを選ぶと、変な皺《しわ》が寄って、甲の皮膚や血管を圧迫することがありますので、シューズと同様に足にピッタリのサイズを選ぶことが大切です。

この項の冒頭に「極論すればランニングに必要なギアはシューズだけといっても過言ではありません」と書きましたが、湿度の高い日本の夏では、コットン１００％のＴシャツで走ることは苦行以外の何物でもありません。

現在ではユニクロやＧＵ、ワークマンプラスといったチェーン店で、吸汗速乾性に優れたＴシャツをリーズナブルな価格で購入できるようになったので、それらを着ることで日々のランニングは、一昔前とは比べ物にならないくらい快適になりました。

しかしながら吸汗速乾といってもレベルはピンからキリまであります。特にザ・ノース・フェイスやパタゴニアといったアウトドアブランドやナイキやアディダスといったスポーツブランドがリリースする上級モデルを着て走ると、ワンランクもツーランクも汗の引くスピードが速く、ファストファッションのものよりはるかに快適だと体感できると思います。

すべてをこうした高価なウェアで揃える必要はありませんが、普段より長い距離を走るときや気温が高めの日などは、こうした機能性の高いトップスがあると、走り始めから終わりまで大量の汗をかいても、不快感が少ないと思います。

雨の日も走りたい人におすすめの場所

ギアではありませんが、走り続けるにはスポーツジムなどの施設や環境もフルに活用すべきです。

自分の周囲のランナーたちが、ランニングをやめた時季で最も多く挙げたのが、梅雨、真夏、真冬といった天候条件が厳しい季節です。これらの時期は屋外に出るだけでも億劫《おっくう》になるので、さらに走るという意志を持ち続けるのはかなり大変なことです。雨が降ったらランニングは休むという人も多いでしょう。

炎天下を走るのは健康にもよくないので、空調の効いたスポーツジムのトレッドミルを活用するのはスマートな考え方だと思います。

アメリカではかつてモールウォーキングといって、ショッピングモールのなかを歩くことが流行しましたが、厳寒の冬のミネソタでも、酷暑の夏のテキサスでもエアコンディション完備のショッピングモールなら快適にエクササイズできたのです。

日本ではショッピングモールのなかを歩いたり、走ったりという文化は根付いていませんが、個人的におススメなのが鉄道の高架下を走ること。JR中央線を始めとして高架下が通路となっているところは全国にいくつかありますが、こうした場所をランニングコースとして使えば雨にも濡れずに走ることができます。

もちろん歩行者の方に迷惑にならないようにすることはマストですが、自分は毎日のように雨が降り続く梅雨時でも、高架下を走ることで日々のランニングを続けることができています。

膝の耐用年数とは？
いつまでも走るために「膝ドック」のススメ

松田《まつだ》芳和《よしかず》
まつだ整形外科クリニック院長　RUN歴16年

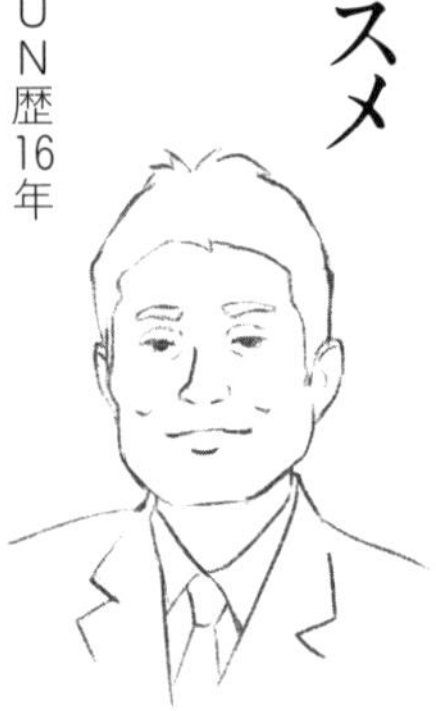

埼玉県熊谷市の「まつだ整形外科クリニック」は、整形外科全般を診療科目としていますが、様々なスポーツのトップアスリートからの信頼も厚く、スポーツ障害の治療を得意とする医療機関です。

松田芳和院長は、膝寿命の延ばし方の解説本を執筆するなど、特に膝に関する治療は高い評価を受けており、ランナーの来院が多いことでも知られています。

また、オンラインでのランニングについてのマンツーマンレッスンを行う「ランニングケア・オンライン」も提供しています。松田院長と理学療法士のみなさんに、年齢を重ねるとともに生じる身体の不具合と上手く付き合いながら、走り続けるためのいくつかのアドバイスをいただきました。

――ランナーにつきものと言われている膝の故障ですが、防ぐことは可能なのでしょうか？

医学的な見地から述べさせていただくと、膝の故障は様々なケースが考えられます。走り方に問題があるケースだけでなく、股関節など膝以外の部分をかばうことで、膝の故障が発生することもありますし、膝の障害には腸脛靭帯炎《ちょうけいじんたいえん》、膝蓋腱炎《しつがいけんえん》、半月板損傷など、いろいろな症例があり、その原因は多様です。

どれだけ気を付けて練習していても起きるときは起きてしまうのが実情ですが、他の部位と同様に普段から細かくケアをすることが故障の防止には効果的です。当院では早期発見、早期治療のために膝ドックを推奨しています。

――これまでに施術してきて「このランナーは生まれつき丈夫だなぁ」と思ったことはあ

りますか？　また、膝をはじめとした関節の耐久性に個人差はあるのでしょうか。

身体が頑丈かどうかという個人差はもちろんありますが、それ以上に、来院された方を指導する際、その通りにすぐに正しい動きのできるランナーが存在していて、そういったランナーは故障しにくいと思います。

反対に「膝の動きを意識してください」と教えたのに、膝ではない別の箇所を意識した動きになってしまうランナーもいて、そうしたランナーは再度故障する可能性が高いです。トップレベルで走っているランナーのほとんどが、何らかの故障を抱えていて、それと上手く付き合っているということも言えます。膝の故障は、他のスポーツ障害と違って外傷がなく、使いすぎが原因のことが多く、正しいフォームで走っていても発生することがあります。大きな故障をしにくい選手は、「このまま追い込みすぎるとまずいかも……」といった感じで、体感で気付いて練習量や強度を調節したり、ケアをすることで、故障する前の疲労の段階で抑えることができているのだと思います。

――膝の軟骨は使い方によっては20代で擦り減ってしまうことがあると聞いたのですが、

実際にそのようなことはあるのですか？　また膝関節の耐用年数はどれくらいなのでしょうか？

耐用年数は、使い方で異なるので、人によって大きく違います。生活様式によっても異なりますね。若いときにラグビーなど激しいスポーツや負荷のかかる重労働などで関節を酷使した人は、早い段階で軟骨が擦り減ってしまうことはあります。

逆に若いときは運動をあまりしてなくて、中高年になってから運動を始めた方のほうが、80歳を過ぎても膝の健康状態が良好だったりします。

――まつだ整形外科クリニックでは、膝の障害を予防するために膝ドックを推奨しているとのことですが、どのようなタイプのランナーの来院が多いでしょうか？

これまでに長い期間を走ってきたランナー、走ることが生活の一部となっているランナー、高齢のランナーが、これからも自分のペースで走り続けるため、早めに現在の膝の状態を知っておきたいという理由で来院されることが多いです。

膝に違和感を感じてから当院を訪れるのではなく、「自覚症状はないけど、周囲のランナーで膝の故障が原因で、走れなくなったのを見て心配になり……」というランナーが少なくないです。

50～60代の方ですと、膝ドックを受けた7割ほどの方に、半月板が損傷していたり、骨の出っ張りがあったりといった、何らかの不具合が発見されることがあります。

当院の治療に関する考え方は、ランニング障害の患者さんに対し「絶対に走らないでください」とは、基本的に言いません。我々自身が走っており、ランナーの気持ちが理解できるので、フォームの修正や練習量を減らす方向で治療していきます。

これからは予防の時代だと思い、先ほども述べましたが、当院では膝寿命、問診、膝の状態を判定する膝ドックに力を入れています。膝の寿命を延ばすことは高齢化社会にとって、これまで以上に重要になるでしょう。これからの時代は、ただ長生きするのではなく、健康寿命を延ばすべきだと思っています。

まつだ整形外科クリニックに伺い、いろいろお話を伺って感じたのは、50代の松田院長はじめ理学療法士のみなさんが実際に走っているということもあり、ランナーのマインドを理解した治療や施術を行っているということ。

自分自身がほぼ毎日走っているということもありますが、治療のためとはいえ、長期間全く走らないという状態は我慢できませんし、自分と同じように考えるランナーは少なくないでしょう。こちらでは、疲労骨折など症状的に走ることが困難な場合を除いて、走行距離を抑えたり、フォームを修正したり、入谷式足底板というインソールを用いることで、走ることを継続しつつ、膝痛をはじめとしたランニング障害からの回復を目指します。

故障がきっかけで走ることをやめてしまったランナーも多いので、膝ドックで事前に膝の状態を知り、膝の寿命を延ばすことは、とても重要であると思いました。

日本でも脳ドックという存在が広く認知されるようになって久しく、脳卒中、脳梗塞といった脳疾患を防ぐことに大きく貢献していますが、膝ドックという言葉が当たり前に知られるようになった際には、今よりも走り続けることができるランナーが増え、健康寿命も延びることでしょう。

ランニングドクターから見て危ないランナーとは

稲葉《いなば》貴子《たかこ》
林医院院長　ＲＵＮ歴16年

「ランニングドクター」という言葉を知っていますか?

ランニングドクターとは、各種ランニングイベントに一般ランナーとともに参加し、コース内から医療監視を行い、万が一ランナーの健康上重大な事象に遭遇した際は、自らのレースを中断あるいは中止してその初期対応にあたる医師ランナーのこと。

日本医師ジョガーズ連盟（ＪＭＪＡ：Japan Medical Joggers Association）による呼称で商標登録されています。

自らがある程度のペースで走り続けなければならない存在なので、日々のトレーニングは欠かせません。東京都杉並区の循環器科・内科クリニックの稲葉貴子先生に、ランニングドクターとして医師として、長く走り続けるコツや自身のランニングスタイルを聞いてみました。

――ランニングドクターとしてレースに参加するようになって、ランナーが危険な状態になってしまった場面に遭遇したことはありますか？

幸いなことに、自分の目の前でＡＥＤ（自動体外式除細動器）を使用しなければならないような事態が起こったことはありません。それは、私がフルマラソン4時間30分ほどのペースでランニングドクターとして走ってきたからかもしれません。
自己記録更新を目指すランナーが無理しがちな3時間30分や、準備が不十分なランナーも多く見受けられる5時間30分あたりを担当するランニングドクターのほうが、重篤な場面に遭遇することが多いようです。
あと、長距離のトレイルランニングレースにランニングドクターとして帯同したこともあり、そういった際にはペースの落ちたランナーを励ましたり、反対に１００マイル

（160・934㎞）のトレイルレースなどでは、すでに100㎞以上を走って衰弱しきっている状態では完走するのは難しく、これ以上走ったら体調を崩し、今後のランニングライフに悪影響を与えると思うときは棄権を勧めたこともあります。

――ランニングドクターという任務を全うするためにも、いつでもレースを完走できるコンディションをキープされていると思いますが、ずっと走り続けるために重要だと考えていること、心がけていることがありましたら教えてください。

自分自身のことに限らず、年齢を重ねて60代からも走り続けるためには睡眠や休息が重要だと思います。

大人になってから運動を始めた人に見かけることが多いのですが、無理をしすぎて結果的に体調を崩してしまう人がいますね。各人の許容量を超えた過度な運動はケガや故障の原因となります。

運動後のケアは本当に大切です。しっかりと休んで、眠ってリカバリーした状態をキープしないと、へっぴり腰になったりして正しいフォームで走ることはできないので、本来持っているパフォーマンスを維持したり走力を向上させることは難しいでしょう。

仕事が忙しいために睡眠時間を削っても走るというランナーがいるのですが、絶対にやめたほうがいいです。

競技で好結果を出している人の多くは、四六時中練習しているわけでなく、効率のよい練習を短時間で集中的に行い、疲労を残さないようにしています。

また、身体のためによい食事を摂るなど、栄養管理もしっかりと考えており、食事のことでいえば、運動の直前に食べすぎない、就寝前2時間は食べないことも重要だと思います。

個人的には運動時だけでなく、日常生活でも正しい姿勢を保つように意識しています。常に正しい骨盤と背骨の位置を確認し、修正すると、それぞれが持っている本来の筋肉のパフォーマンスを発揮することができると思います。そのために日々地面と垂直の姿勢で活動し、水平な状態で眠ることを心がけ、活動時も睡眠時もできるだけ斜めの姿勢にならないようにしています。

それと、関節や軟骨は加齢の影響を受けやすく、傷みやすいですが、そこを支えるのが筋肉なので、筋力を維持することは、年齢を重ねても走り続けることに重要な要素だと思います。

——稲葉先生は、トライアスロンもなさっていますね。マラソンと比べていかがですか？

マラソンと比べてトライアスロンは走っている時間は短いけれど、泳いだりバイクをこぐことで、ランニングの質がすごくよくなりますね。全身をまんべんなく効率よく使う練習を日々しているので、効率的に長時間動けるようになります。

ランナーは細い人が多いですが、トライアスリートは上半身や背筋、腹筋がしっかりしていて、スタイルがいいですね。人の身体は使ったようにしか変わらないと実感しています。

——風邪をひいたら走って治すというランナーがいるのですが、先生はどう思われますか？

基本的におすすめしません、というかやめたほうがいいです。特に咳《せき》が止まらずに眠れないような状況では、呼吸器系統に炎症が起きている可能性があるので、走ることは諦めて、ゆっくり休んでください。

走ることを日課としているランナーが、風邪のひき始めで少しだけ寒気がする、鼻水がちょっとだけ出る、くしゃみをし始めたという段階なら、走っても大丈夫かもしれませんが、個人的にはエネルギーを温存し、よく眠って風邪を治してから走ったほうがいいと思います。

たくさん食べて治すというのも間違いです。風邪のときには胃腸に負担を与えないほうがいいので、食事を抜いてもいいくらいですし、何か食べる場合は、とにかく消化のよい食べ物にしてください。

——走るためのモチベーションとしていることがありましたら教えてください。

ランは私にとって移動手段のひとつとなっていて、「７㎞先のあのお店で朝ごはんを食べよう！」という感じで、食欲も走る動機といえます。ランニングやトライアスロンの大会に出ることもありますが、本来は人と競い合うことはあまり好きでなく、自分のペースで空模様や景色を眺めたり、風の音を聞いたりしながら走ったりするほうが好きです。あとは山を走っている途中で珍しい植物を見つけたら立ち止まったりといった感じで、設定ペースなどに束縛されることなく、自由に走ることが好きで、それもランのモチベーションになっていると思います。

稲葉先生にお話を伺って、特に印象に残ったことがふたつあります。それは走り続けるためには睡眠や休息が重要だということと、正しい姿勢が最高のパフォーマンスを発揮するために不可欠だということ。

自分はほぼ毎日走っていますが、距離が6㎞ということもあり、疲労が蓄積することはないと思いますが、以前にフルマラソンの記録更新を目指してオーバーワークになったことがあります。そのときは軽い足底筋膜炎になってしばらく走るのを控えたことを思い出しました。

何事もやりすぎはだめですね。また、日常生活でついつい身体を斜めにしたり、左右どちらかの足に体重をかけて立っていたりということがあると思いますが、こうした姿勢がくせになると確実に身体のバランスが崩れます。

ほぼ毎日走ることが習慣になって、体幹が鍛えられたことにより、正しい姿勢を自然に維持できるようになりましたが、バランスの悪い立ち方が当たり前だった20代の頃は、今よりも疲労が抜けにくかったことを思い出しました。年齢を重ねても走り続けるために、これからも休養と姿勢、このふたつを忘れないようにしたいと思います。

練習後のビールが楽しみな
マラソン界のレジェンド

君原健二《きみはらけんじ》
メキシコ五輪　銀メダリスト

１９６６年ボストンマラソン優勝、オリンピック３大会連続出場で68年メキシコオリンピック銀メダルと、輝かしい経歴で日本のマラソン界を牽引《けんいん》してきた君原さん。優勝から50年後の２０１６年、ボストンマラソンに再挑戦し、４時間53分14秒でゴール。これまでにフルマラソンを74回走り、一度も途中棄権はないそうです。

80代の現在も、各地のマラソン大会にゲスト参加したり、走り続けるレジェンドに、北九州市のご自宅でお話を伺いました。

――フルマラソン74回で一度も棄権なし、素晴らしいですね。

気持ちのなかでは「投げた」レースもいくつかあり、手放しでは喜べません。途中でやめると回収車が来るまで恥をさらさなくてはならないし、ゆっくりでも走れば、次への練習になるのではと思いながら、なんとかゴールを目指しました。

――現役時代は、今ほど走ることを楽しめなかったとか。

走ることは修業で、辛《つら》い苦しい毎日でした。「青春時代しかできないことは今やっておかないと」とコーチから言われ、若かったし意味は理解できなかったけれど、コーチの情熱におされて、だんだんのめり込んでいきました。三度もオリンピックに行けたのは、素晴らしい指導者のおかげです。

たくさん練習すればするほどいい結果が出ると思い込んで、コーチが決めたスケジュールよりもさらに走ったり、１ｍでも２ｍでも、アウトコースを走るようにしていました。

32歳で現役を退き、市民ランナーになってからですね、楽しんで走るようになったのは。

――一番変わったのは、どんな点ですか。

競技者時代は、自分の身体でランナーという芸術作品をつくる、という生きがいを求めて練習に励みました。日々の練習はアトリエでの作品づくり、みなさんが見に来てくださる競技会は展覧会。だから前よりもっとスピードやスタミナを……。「個人の作品」というのは思い上がりで、家族、監督、コーチ、同僚、後輩など多くの人に関わってもらっての「共同作品」なのですが。

そんなわけで、現役時代は、どんなに美しいところを走っても、それを楽しむことができませんでした。

今は、風景や街並み、小鳥のさえずり、波の音、川のせせらぎ、花のにおい、空気の美味しさ、練習後のビール、人とのふれあい、大地と足の感触など、五感で走ることを楽しんでいます。

――練習後のビール！　お酒がお好きなんですね。

食事はなるべく栄養バランスを考えて、ちゃんぽんとか麺類も野菜が入ったものを選ぶ習慣がついています。「運動・休養・栄養」のバランスは、競技者の基本であり、健康の基本とも共通しますね。休養といっても、ただ休むのではなく軽く散歩を入れたりね。

でも、お酒は毎晩、寝るまでずっと。基本はビールで、そのあと、安い焼酎を腹いっぱい（笑）。現役時代はお酒はよくないと思っていて、週にビール1～2本だったのに……食事と違ってお酒は悪い習慣がついてしまいました。

――75歳で二度目のボストンマラソンを完走されました。

70歳頃から原因不明の不調が起こり、ボストン本番2か月前にもちょっと転んで、直前1か月は延べ距離40～50㎞しか練習できず、本当に完走できるか不安でいっぱいでした。嬉しくも困ったことに、私の応援ツアーで30人近い人が現地に来てくれていましたし。当日はとてもいい天気で、4時間53分14秒の記録も大満足です。

75歳で74回、あともう1回はフルに挑戦するつもりでしたが、大きな目標がなくなり長い距離への意欲がなくなってしまいました。

――体型はずっと変わっていないとか。

現役の頃が１６８㎝で今は１６５㎝とちょっと縮みましたが、体重は常に54〜55㎏です。数年前、北九州マラソンのスターターを務めた際、１９６４年の東京オリンピックのときの赤いブレザーを出してみたら、ぎりぎり着られました。

――最近は、どれくらいの頻度、ペースで走っていますか。

数年前までは１周５㎞の貯水池を３周したりで距離をかせいでいましたが、最近は家から２・５㎞の神社までの往復とすぐ近所の公園を走って計６㎞とか、団地を２周して４㎞とか。

走るのは週３回くらいで、時間帯は特に決めていません。ペースは１㎞７分に近づいてきています。

――走る一番のモチベーションは？

市民ランニングの普及、発展に貢献したということで２０１９年に「ランナーズ賞」をいただき、生涯走り続けるのは自分の使命だと思っています。

80代になって体力も落ちてきたし、自分の身体と相談して、折り合いをつけながら、無理な目標を立てず続けていきたいですね。

私の場合は競技者として、レースという大きな目標を目指すことから始めましたが、市民ランナーにとってもマラソン大会は、パフォーマンスを発揮するための素晴らしい舞台。だからこそ、やりがいがあるんじゃないでしょうか。

ランナーは健康診断で
どの数値を気にすべきか

塚田《つかだ》重城《しげき》
つかだクリニック院長　ＲＵＮ歴14年

走ったあとのビールや、仲間との乾杯が楽しみなランナーも多いはず。お酒が好きな人は多かれ少なかれ、健康診断の肝臓の数値を気にしているのではないでしょうか。東京都文京区の自宅からクリニックのある杉並区まで、通勤ランすることもあるという塚田重城先生は、肝臓専門医。飲酒が肝臓やランニングに及ぼす影響についてお聞きしました。

――ランナーは肝臓が丈夫な印象です。自分のまわりだけかもしれませんが、お酒に強い人が多い気がします。

肝臓は体重の50分の1に相当し、脳よりも重い、人体最大の臓器です。エネルギー源を出し入れする貯蔵庫であり、レース前に炭水化物を多く摂るカーボローディングでは、肝臓に糖質を蓄えています。体内の有害な物質を分解・解毒するのも肝臓です。

二日酔い、悪酔いを引き起こすのはアセトアルデヒドという物質で、これを分解するのは肝臓ですが、その能力には個人差があり、アルコールに強い、弱いが決まってくるのです。経験豊富なランナーは自分の身体をわかっていて、飲み方にも節度があり、飲む量や、飲んだらどうなるかもわかっている人が多いですね。そもそも、お酒が残ると気持ちよく走れないですし。

肝臓は沈黙の臓器といわれ、かなり病状が悪化するまで病気に気づかないことも多いです。内臓脂肪は有酸素運動で減らすことができるので、日常的に走っている人は脂肪肝（肝臓に脂肪が蓄積した状態）になりにくいと思います。

――逆に、ランナーに多い症状というのはありますか。

貧血が多いことは有名ですね。ランナーは発汗や利尿で鉄の排泄が増えることによる「鉄欠乏性貧血」になりやすいので、ヘモグロビンや鉄の値を調べるといいと思います。また注意しなければならないのが「かくれ貧血」です。ヘモグロビンの値は正常でも、鉄分不足から、貧血一歩手前なこともあります。これは血液中のフェリチンを調べることで診断します。最近やる気が出ない、疲れやすい、すぐに息が上がる……モチベーションの問題ではなく、貧血が原因かもしれません。血液の状態が悪いとケガもしやすくなります。女性ランナーは特に注意が必要です。

——老化とは、身体のどこから始まるのでしょう。

老化とは加齢に伴う機能低下のことで、すべての臓器に起こるものです。個人差があり、体質によって人それぞれで、脳から来る人もいれば骨から来る人もいますし、年齢と比例しないこともあります。実年齢と体内年齢に、かなり差がある場合も少なくありません。睡眠、栄養、適度な運動……日々きちんととるかどうかで、全然違ってきますね。便秘薬を常用していた人が、運動することで薬がいらなくなることも珍しくありません。

――日常生活や健康診断で気にすべき項目は？

体重・歩数・血圧は、変動がないか普段からチェックするといいでしょう。人間ドックの結果も、運動している、していないで見方が変わってきます。数値に急激な変化があった場合は再検査をおすすめしますが、B判定でも数値が一定かつ運動していたら心配しなくていいこともあります。ただ、数値ではわからない病気もあるので、心配なときは相談できる、かかりつけ医を持つことをおすすめします。

――ランナーには「徐脈」が多い印象ですが。

1分間の脈拍数が60回未満を徐脈といいます。運動していない人の場合は、心臓の機能低下が心配されますが、定期的に走っているランナーなら問題なしです。

――体力を過信しがちなランナーも多い気がします。

「走れているし、どこも痛くないから大丈夫」ではなく、心肺機能を含めた体調に変動がないか定期健診や人間ドックを受けてください。結果がA～B判定ならまあいいかで済ませず、可能な限りドクターから直接結果を聞き、自分の体調をきちんと知ることで、過信を防ぐことができます。

――塚田先生もランニングドクターですね。印象に残っている大会は？

東京マラソンは、コース上にランニングドクターが約50人、それ以外にも多くの救護所が設けられており、一般参加のランナーとして看護師や医師もいますので、安全面では日本一の大会だと思います。万が一倒れても手厚い処置が受けられます。これまで11名のランナーが心肺停止となりましたが、その全員が救命されました。

以前は年5～6回ランニングドクターとしてマラソンを走っていました。50代の今までもう50回くらいでしょうか。ライフワークみたいなものです。年1回くらいは景色を見たり写真を撮ったり仮装を楽しむために、プライベートで大会に出ましたが、危ない人がいたら反応してしまいます。みんな安全に笑顔で家に帰ってほしいですからね。

国内外で旅ラン、海外マラソンでの体調の整え方

大橋《おおはし》孝行《たかゆき》
1950年生まれ　RUN歴16年

中高年になるまではランニングとは縁がなかったという大橋孝行さんは現在72歳。もとはスキューバダイビングが好きで、あることをきっかけに本格的に走り始めました。現在では走ることがライフスタイルの一部となっており、旅行とマラソンというふたつの趣味を上手く組み合わせることで、走るモチベーションを無理なくキープ。これまでに72回フルマラソンを完走した大橋さんのランニングスタイルを教えてもらいました。

——大橋さんが定期的に長距離を走り始めたきっかけは何でした？　また、それは何歳の

ときですか？

現役時代は紙関連の商売をしていました。スキューバダイビングをやっていて、通算で６３０本ほど潜るほど大好きで、沖縄には頻繁に訪れていたのですが、取引先に走るのが好きな人がいて、その会社の３名がＮＡＨＡマラソンを走ることになり、「応援に来てくださいよ！」と連絡があり、那覇の街を訪れました。

最初の２㎞地点で知り合いの通過を見届けたあとは、奥武山陸上競技場に移動し、知り合いランナーたちのゴールを待っていたのですが、制限時間ギリギリで完走した知り合いが何とも言えないいい表情をしていたのが、強く印象に残りました。

それまではフルマラソンというのは速いトップ選手だけのものというイメージがあっただけに、「こういう世界もあるんだ！」と一種のカルチャーショックでした。「自分も走ってみたい！」と思ったことで、翌２００６年のＮＡＨＡマラソンを走ることに。

いきなりのフルマラソン出走は不安もありましたが、以前に48㎞を歩いた経験があったので、「平均時速７㎞まで上げれば完走できる！」と考え、練習に励みました。56歳だったので、ランニングデビューとしては遅いほうですね。

――そのNAHAマラソンは4時間36分31秒でゴールしています。頻繁にアップダウンのあるコース、高い気温で完走率も低い大会ですが、初のフルマラソン、56歳という年齢を考えると素晴らしい記録です。

学生時代の嫌な記憶から長距離を走ることはあまり好きではなかったこともあり、最初は全く走れませんでした。それでも続けているうちに、走ることが好きになり、大会に出るたびに記録がコンスタントに伸びるのは本当に嬉しかったですね。

――普段の練習はどのような感じで走られていましたか？

走り始めた頃は本駒込に住んでいて、御茶ノ水の駅前を通って神田橋で折り返して、湯島天神を通って家に戻るとちょうど10㎞ほどでした。このコースを月に20回ほど走るのが日課でしたが、それに皇居1周をプラスするとだいたいで10マイル（約16㎞）、皇居2周をプラスするとハーフマラソンの距離となるので、週末などは無理のない範囲で、長い距離も走るようにしていました。

――長い距離を走るのはあまり苦にならないんですね？　ちなみに練習会に参加したり、トラックでのインターバルトレーニングやビルドアップ走といった速くなるためのトレーニングプログラムは行っていますか？

練習会に参加したことはないですが、現在住んでいるところのそばに井の頭公園のダートトラックがあるので、そこで自己流のインターバルを行ったり、アップダウンのある場所で坂道ダッシュは行ったりするようにしています。たまに速めのペースで走ることもあり、そのときは10㎞を57分くらい。

レース終盤までしっかりと走り切り、レースのあとも楽しむために、悔いのないように日々トレーニングを重ね、ちゃんと準備はしますが、自分のランニングスタイルは、「気分が乗らないときは走らない！」をモットーとしていて、練習はやりすぎないようにしています。現役時代よりも走る時間がつくりやすくなり、２０２１年は計４２００㎞、月平均３５０㎞ほど走りましたが、あくまで無理はしていません。

――故障やケガなどなく、いいペースで練習できているご様子ですね。

ランナーとしての故障は少ないほうだと思いますが、定期的に走るようになってから、ランニングを起因とする身体的なトラブルに遭遇したことはあります。
２００８年の柏崎潮風マラソンに参加した際に、走り始めてしばらくすると胸が痛くなったので、医療スタッフに対応してもらうと、ひどい不整脈。帰京して病院に行くと、心臓冠動脈が90％狭窄しているとのこと。急きょ、血管などの人体の管状の部分を管腔内部から広げる医療機器であるステントを入れることになりました。
担当医師に「スポーツはいつからできますか?」と確認すると、「スキューバダイビングはやめたほうがいいですが、ランニングは継続しても問題ないでしょう」ということで、地道なリハビリ期間を経て、普通にフルマラソンを走れるようになり、２００９年12月のＮＡＨＡマラソンからレースに復帰しました。

――旅ランでは、いろいろ目標をお持ちとお聞きしています。

はい、生涯１００フルマラソンと、47都道府県フルマラソン制覇を目標にしています。70歳までに70フルマラソンを目指し順調だったのですが、２０１９年5月にリガマラソンを走るためにラトビア共和国を訪れた際に胆嚢《たんのう》を痛めて、ペースダウン。

さらに、この2年はコロナ禍もあってなかなかフルマラソンを走る機会がなかったのですが、72歳になる２０２２年は72フルマラソンを目指し、達成しました。

国内レースは「ＲＵＮＮＥＴ」を、海外レースは「ＡＩＭＳ（国際マラソン・ディスタンスレース協会）」のウェブサイトをチェックして、「次はどの大会に出ようかなぁ……」と考えるのも楽しいです。


――これまで走ったマラソンで、特に思い出に残っているのはどの大会ですか？


やはり初の海外マラソンとなる北京国際マラソンは、忘れられないですね。当初は天安門がスタートで、通称〝鳥の巣〟と呼ばれる北京国家体育場のそばにゴールするというコース設定で、事務局もそれをウリにしていたところがあったのですが、共産党の党大会の関係で、急に天安門が使えなくなりました。

代わりに１９９０年のアジア競技大会のメインスタジアムとして使われた北京工人体育場がスタートとゴールになりました。日本では直前の変更はありえないのと、のちの北京五輪で話題となった〝鳥の巣〟を横目に走れたことは思い出に残っています。

あとは、２０２２年6月に走ったベトナムのクイニョンマラソンです。11年前の北海道マラソンは、ランナーの間で語り草となるくらい暑かったのですが、今回のクイニョンはそれを超えるレベルで、今まで走ったマラソンで一番暑かったです。それを克服して無事完走できたのは、本当に嬉しかったです。

その後、10月にブルガリアのソフィアマラソンにも参加し、帰りにルーマニア、トルコ、カタールにも寄ってきましたが、ウクライナ戦争の影響は全く感じませんでしたね。


――海外マラソンに持っていく食べ物はありますか？


特にないです。私の場合は基本、現地調達です。朝食はホテルのビュッフェで食べたりします。クイニョンでは、ベトナム式サンドイッチのバインミーを朝食に食べました。

私が日本から持っていくことがあるのは、フリーズドライの味噌汁くらいですかね。昔は栄養補給のためにミニ羊羹をレース中に食べていたこともありましたが、身軽に走るのが好きなので、最近はジェルも持たずに走っています。

――フリーズドライの味噌汁、いいですね。補給食を持たないでレースを走るのは凄いです。自分は燃費が悪いので、絶対に無理です。大橋さんは、体脂肪などを効率よくエネルギーに変換できる体質なんだと思います。羨ましいです。

自分の場合も、基本は海外に行っても和食が恋しくなることはあまりなく、現地のものを食べることのほうが多いのですが、レース当日の朝食だけは食べ慣れたもののほうがいいということで、ニューヨークシティマラソンやホノルルマラソン、ロサンゼルスマラソンの際はおむすびを現地調達しました。

ゴールドコーストマラソンには４度参加していますが、最初の訪問で、この街ではおむすびが入手できないことがわかり、２回目からはパックご飯をレンジでチンして、「ゆかり」や「のりたま」をかけて食べるのがルーティンになっています。

アレルギーではないと思うのですが、パンやパスタとか小麦を朝食べるとお腹が緩くなることが続いたので。

あとは「生せんべい」という愛知独自のお菓子ですね。これは米、黒糖、上白糖、蜂蜜を原料としていて、効率よく炭水化物と糖質を摂取でき、小麦粉を使っていないので、レース前に食べてお腹が緩くなったことは一度もありません。上品な甘さでお手頃価格です。

2022年の北海道マラソンでは大橋さんと一緒だったようで、しかもゴールタイムがほぼ同じくらい。これからも日本国内、海外のレースに参加されると思いますが、どこかでお会いできるのを楽しみにしています。

自分はいろいろな人から「多趣味ですね」と言われることが多いです。

ランニング、ゴルフ、卓球、ボクシング、筋トレ、旅行、ファッション、スニーカー……。たしかに同年代の人と比べるといろいろなことに興味を持っているほうかもしれません。興味が分散すると、いくつかは淘汰されてしまうこともありますが、複数のことに同時に興味を持つことによる相乗効果で、より一層楽しむことができることも少なくありません。

年齢を重ねても走り続けるには確固としたモチベーションが必要だと思いますが、海外や国内のレースを走るという明確な目標は、ランニングを継続するのに大きな動機付けになることでしょう。

今回の大橋さんのケースがまさにそう。ランニングと旅行を組み合わせた目標もあるため、どちらか一方に興味を持つよりも、「走りたい！」「旅に出たい！」というモチベーションはより強く、揺るぎないものになっているように感じました。それはインタビューの際の臨場感のある語りが証明しており、自分もその場にいるような錯覚に陥るほど。

自分もこれまで300回近い海外渡航を経験しましたが、旅行とランニングは、同時に楽しむのに本当に相性がいい趣味だと思います。

大橋さんは100フルマラソン完走、47都道府県のフルマラソン制覇に加えて、生涯100か国訪問も目標としているそうですが、いくつになってもこういった目標を持って生きているのは本当に素敵です。大橋さんのお話を聞いていて、自分もこれまで走っていない南アメリカ、アフリカでフルマラソンを走ってみたいと思うようになりました。

大腸がんの手術を経て 再び走り始めるときに感じたこと

金《きん》 哲彦《てつひこ》
プロランニングコーチ・解説者

マラソンや駅伝のテレビ中継において、決して欠くことのできない存在として、長きにわたり活躍している金哲彦さんを、ランナー以外でも知っている人は少なくないと思います。金さんは、日本で最も著名なランニング関係者の一人といっても過言ではないでしょう。

金さんは２００６年に大腸がんが見つかったものの、早期の手術もあり、翌年にはフルマラソンを完走。健康を取り戻し、58歳の現在、数々のランナーのための活動を続ける傍ら、自らも走り続けています。そんな金さんに、年齢を重ねても走り続ける理由、走り続けるためのアドバイスをお聞きしました。

――今から約16年前、金さんにとって２００６年は大腸がんの発見、手術、回復、そして翌年にはフルマラソン完走という、人生としてもランナーとしても大きな転機となった時期だと思いますが、そのときのことを教えていただけますか？

長野県の小布施見にマラソンにゲストランナーとして招待され、ハーフマラソンを走った帰りの新幹線で大量に下血しました。知り合いの看護師さんに内科のクリニックを紹介され、大腸の内視鏡検査を受けると、大腸がんが見つかりました。

内視鏡検査から10日後には手術が行われ、S状結腸の大半と、まわりのリンパ節が切除され、ステージ3と判定されましたが、先生いわく、「かなり以前にステージ1や2の自覚症状があったはず」とのことでした。

元スポーツ選手の悪いところで、健康には人一倍自信があるから、自分が病気になるとは思っていなかったのです。

——病気になったあとは食事内容を始めとしてライフスタイルは変えましたか？

病気になるまでの何年間かは、ベッドでパソコン仕事をしたり、缶酎ハイを飲んだりを毎日のように続けていました。それによって、いつもお腹が冷えている状態だったと思い、これがよくなかったかと。まず、こうした悪い生活習慣を改め、とにかくお腹を冷やさないことを心がけるようになりました。

お酒は今も飲みますが、寝る前に飲むことはやめています。お茶やコーヒーはカフェインが入っているので避け、寝る前に白湯を飲むこともあります。食生活に関しては、病気になってから野菜を食べる量が増えました。

——手術後はどのようなタイミングで走ることを再開しましたか？

術後5年を経過するまでは不安な気持ちが残っていました。しばらくは再発を心配していましたが、あえて抗がん剤は使用しなかったです。

術後半年くらいからある程度走れるようになったものの、最初は１㎞を7分30秒で10分くらいが精いっぱい。自分でも「脚が細くなったなぁ……」と思っていました。病気が病気なだけに、ついつい生死のことばかり考えてしまうときもありましたが、走っている間はそのことを忘れられる。走り終わったときにはちょっとした達成感も得られましたし、脚が痛かったり、疲れを感じることが、生きているということの証しだと思えて、嬉しかったですね。

この当時、走ることで精神的な部分はかなり救われました。

最初にレースに復帰したのは２００７年１月の館山若潮マラソン。それまで参加していたフルマラソンの部ではなく10㎞の部を、ゲストランナーとして走りました。10㎞という距離が本当に長く感じ、術部やその周囲はときどき痛みましたが、ゲストとして招待された立場だから辛い顔もできません。大腸がんのことを公表したのは、発見の３年後なので、そのときは病気のことは誰も知らなかったですし。

それからも走ることを続け、病気発見の11か月後の２００７年７月に開催されたゴールドコーストマラソンで、フルマラソンを完走。さらに２００９年11月のつくばマラソンではサブ３（３時間を切る）を達成するくらいに走れるようになりました。

「フルマラソンでサブ３を達成したら周囲も心配しないだろう」という思いはありました。

――同じように大病をして、再び走ろうとしているランナーにアドバイスはありますか？

一般の人が大病して、もう一度走れるようになったら、タイムは求めなくていい。もう一度走ろうと思ったこと、スタートラインに立ったことだけで充分に凄い。タイムはともかく、どんなレースでも完走したら素晴らしいことですよ。

――今現在、加齢を感じることはありますか？

はい、あります。まず感じるのは以前よりも走るスピードがなかなか上げられなくなりました。明らかに筋力の低下です。あとは、アキレス腱などに痛みが出ることがあるのですが、若いときと違って、なかなか回復しません。

30代、40代の頃なら一度治療に行けば治っていたのに、今は二度三度と通わないといけなくなりました。自己治癒力は確実に落ちています。あとは代謝が落ちているから食べられる量が減りました。

――何歳まで走っていたいですか？

それはいつまでも走っていたいです。現役引退後に教えることを仕事にしてからも、実業団のコーチのときこそ、選手と同じペースで走ることはできなかったですが、市民ランナーを対象としてからは、自分も一緒に走るようにしてきました。

最近、自分が出演しているテレビ番組に60代女子マラソン最速ランナーの弓削田眞理子《ゆげたまりこ》さんに出演していただきました。58歳でサブ３、60歳で世界記録を樹立した彼女の努力が凄い。なかなか真似できないと思いましたが、自分は違ったスタイルで、これからも走り続けていきます。

私にとって「走る」ことは仕事でもありますが、これまで生きてきた人生において、一番のベース、つまり土台になっている存在なのです。

――自分の周囲では、３大駅伝を走ったようなトップレベルにいた人ほど、現役引退後は走ることをやめてしまっているのですが、その理由は何だと思いますか？

長い間、辛い練習を続けてきたランナーの多くは、現役を引退した瞬間に「解放された！」という気持ちになるでしょうね。だから現役をやめたあとは走ろうという気にならないかもしれません。大学時代の同級生7人のうち、今でもフルマラソンを走っているのは私だけです。

勝負の世界で生きてきたから、負けるのが嫌というのもあるでしょう。トップレベルで走ってきただけに、市民ランナーに抜かれるのは本当に悔しいです。

あとは、スポーツ選手の多くは、いつも一番になることを目指して長年競技を続けてきたから、それが無理だとわかった時点で、ランナーなら「もう走らない！」ということになるのだと思います。

――なるほど。「一番になれないのなら走らない！」というのは、トップを目指して子どもの頃から努力を重ねてきたからこそ、そういった考え方になるのですね。自分たち市民ランナーとは全く違ったランニングとの接し方だから、とても興味深いお話です。

自分は2022年10月にロンドンマラソンを完走してWorld Marathon Majorsと呼ばれる6大マラソンをすべて制覇することができました。ゴールまで5㎞ほどの地点を迎えたところで、2007年11月からほぼ毎日走ってきた、これまでの日々のことをいろいろ回想しました。

そのなかで、ランニングの技術論に関して、最初に大きな影響を受けたのが、金さんの体幹を使ったランニングフォームだったことを思い出しました。

自分は学生の頃から様々なスポーツをある程度こなすことができ、中学生の頃も持久走では陸上部の長距離担当を除くと最も速い部類で、社会人になって長い距離を走ることがあっても、問題なく走ることができました。

それが金さんの本を読んで、自分の走りは脚だけを動かしていて、非効率だったことに気付きました。脚部だけでなく、身体をある程度大きく使えるようになってからは、走るのが楽になり、レースでもコンスタントに記録を伸ばすことができるようになったことを思い出したのです。

筋肉痛も含めてランニング
走ることで自分自身の身体に向き合える

高橋尚子《たかはしなおこ》
シドニー五輪　金メダリスト
女子スポーツ界で初の国民栄誉賞受賞

高橋尚子さんは、２０００年のシドニー五輪の女子マラソンで、陸上競技における日本女子初の金メダルを獲得し、国民栄誉賞も受賞。それ以降も２００１年のベルリンマラソンで当時の世界最高記録をマークするなど、日本の女子マラソン界を長きにわたりリードしてきました。

２００８年の現役引退後は走ることの素晴らしさを伝える活動を続けてきており、ランニングというスポーツの普及に大きく貢献しています。自らの名を冠した「高橋尚子杯ぎふ清流ハーフマラソン」や青梅マラソンを始めとして、全国各地のマラソン大会にゲストランナーとして参加されているので、実際に接したことのあるランナーも少なくないでしょう。
そんな高橋さんに、現役を退いたあとも走り続けることができる理由、市民ランナーへのアドバイスをお聞きしました。

——現役引退後も定期的に走られているようですが、現在のおおよその月間走行距離を教えてください。

その月の仕事の忙しさなどで月間走行距離は大きく変わってきますので、一概に月に何㎞と言えません。走れる日は2時間走るのを目標にしてます。現役引退直後は、少なくとも90分以上走らないと嫌だと思っていましたが、コロナ禍を経て、今は30分でも40分でも外に出ることが大切だと思っています。多いときは週に6日走れることもあれば、少ないときは週2しか走れないこともあります。走ることが大好きで、ランニングは私自身の生活の一部となっているので、1週間に一度も走ることができないとモヤモヤします。

――自分の周囲では、現役生活を終えると走らなくなってしまう元陸上部の人が少なくありません。特に高いレベルで走っていた人ほどその傾向にあると思うのですが、高橋さんが現在も走り続けることができるモチベーションは何ですか？

真っ先に挙げられるのは、走ることが今でも好きだということですね。現役時代に小出義雄監督と一緒にトレーニングしていた頃は、非常にハードに練習していたと思います。普段は1日40㎞ほどは走っていましたし、土曜日には80㎞走りました。

実業団やプロの選手として活動していたので、苦しい練習も仕事だからやらなければならないことですが、終わった瞬間に「今からは私の時間！」と頭を切り替え、通常練習にプラスしていろいろな場所を散策。「探検ラン」と称し、小出監督も誘って1時間ほどクールダウンを兼ねてゆっくり走りました。それが私の遊びの時間というかリラックスタイムでした。この当時から仕事の時間と遊びの両方を持つことができていました。

この楽しむ走りというのが、ある意味小さい頃の「陸上が好き」という原点回帰になっていたことによって、ハードなトレーニングをしても最終的には楽しんで終わることができ、最後まで陸上を嫌いにならず、走ることをずっと好きなままでいられた理由だと思います。
現役を引退したことによって、仕事の部分は、選手としてハードなトレーニングをすることはなくなり、キャスターとしてアスリートにインタビューをしたり、イベントにゲストランナーとして参加するなど、大きく変化しましたが、遊びとして走ることを楽しむという部分は、現役時代から変わっていなくて、それが今も走り続けられる理由なのでしょうね。

――自分の知り合いでは、箱根駅伝を走っていたような高いレベルで活躍した元ランナーほど走っていないです。

私のまわりでもやっぱりそうですよ。現役時代にトップレベルで走っていて、今は走ることをほとんどやめているという元ランナーは少なくないです。
私の場合は現役生活を終えたあとも、いろいろな道を開拓したり、初めての場所に行った際には、走りながらいろいろ探索したりということを楽しんでいます。ランニングだと歩くよりも広い範囲を行動でき、自動車で移動するよりも街の雰囲気や街の人々とふれあったりすることができるのがいいですね。私にとって走るということは大切なツールであり、生活するうえでの基本となっています。

——自分も海外渡航をした際は、ホテルに着いて荷物を置くと、すぐに近所を走ります。そのことによって、「ホテルのそばに美味しそうなレストランはないか？」「お洒落な洋服屋さんがあった！」といった発見や確認ができます。

以前も来たことがある場所であれば、「お気に入りのお店がまだ営業しているか？」「よさげなお店が新たにオープンしていた！」といった情報も事前に収集できますし。ニューヨークあたりは特に店の入れ替わりが早いですから。

あと、走ることによって時差ボケを解消することができるのもありがたいです。

そうですね。最終的に自動車や公共交通機関でレストランやショッピングに出かけるにしても、あらかじめランニングで目星を付けておいて、「この店はホテルから近いから行こう、ここの店は不便な場所にあるからやめておこう」といった感じで、目的地までの距離や周辺環境が事前にわかるので、その後のスケジュールを立てやすいですよね。

一度走っておくことによって、その地域をより身近に感じることも可能で、このようなシチュエーションでもランニングの素晴らしさを再認識できます。

――一般のランナーが年齢を重ねても走り続けるためには、どのような要素が必要だと思いますか？

ランニングというと、歩いてはいけない、途中で止まってはいけないというように、「〇〇しなければいけない」といった、苦しくて辛いという昔からの持久走のイメージを、今も持っている方が多いかもしれません。

しかしながら、ときどき歩いてもいいし、きれいな花が咲いていたら立ち止まっても大丈夫。自由に楽しむことができるのがランニングなのです。「週に何日走らなければならない」「一度始めたら定期的に走り続けなければならない」といったことは考えなくてよく、楽な気持ちでランニングを始めればいいと思います。

1週間に一度でも足を外に向けた自分を褒めてあげるようなかたちで、走ることを生活の一部に取り入れるというスタンスで始めることが、年齢を重ねても走り続けるための基本だと思います。ランニングにおいて最も重要なキーワードは継続なので、週に一度でも二度でもいいので、気が向いたときに走るという習慣付けが大切です。

走ることによって、自分自身の身体に向き合うことができるメリットもあります。年齢を重ねると、どこかしらに痛みや身体の異変があっても不思議ではありません。走る際に手先や足先を始めとした身体の各部位に気持ちを巡らすことで、何か違和感があったときに気付きやすくなります。

病院に行く前に自分自身で身体を理解することが健康への第一歩。ランニングの際に自分の身体と向き合うことが、楽しく人生を送るために大切だと思います。

――高橋さんにとって「走る」ということは、どのような意味がありますか？

「走る」ということは、１００人いたら１００通りの楽しみや意味があると思いますが、私はシドニー五輪で金メダルを取ったことで人生が大きく変わりました。20年以上前のことですが、金メダル獲得により、走ることでつながった人との関わりが、これからの未来に続く大切な宝物になっています。

もちろん、それだけでなく日々季節を感じる瞬間であったり、ダイエットのために走っている人であれば、体重を減らすこと、走ったあとのビールの美味しさを目的にする人もいるでしょう。

私自身、現役時代は1分1秒を縮めることで人間の限界に挑戦することを楽しみのひとつにしていましたが、現在はそうではありません。現代社会は携帯電話、インターネット、テレビなど情報過多で自分自身を見つめ直す時間をなかなかつくれません。その点、走っているときは悩んでいることや考えなければいけないことに真摯に向き合うことができ、しかもランナーズハイという言葉があるように、前向きな答えが出やすくなり、自分の気持ちも楽になります。それが現在の私にとっての「走る」ということの意味だと思います。

――先ほどの質問と少し似通っているかもしれませんが、高橋さんが考える「走る」ことの魅力は何ですか？

最初に挙げられるのは、多くの人々と知り合うことができるということです。子どもの頃というのは、小学校や中学校と進学するたびに、新たな出会いがありますが、大人になるとそういった機会は段々と少なくなります。趣味として走り続けることで、大会で多くの方と出会ったりつながったりということを大人になってもキープできます。

あとは、屋外を走ると季節の移り変わりを肌で感じられることです。田植えやウグイスの鳴き声で春の到来を実感したり、夏はセミの声を聞きながら木陰を走った際に日なたと日陰の寒暖差を感じられます。秋の稲刈りシーズンになると、コオロギなどの虫の声を聞きながら走っていると、気持ちが落ち着きます。

秋は各地でマラソン大会が開催されることもありますが、ランナーにとってはスタートを感じさせる季節です。冬はマラソン大会の真っただなか。刺さるような冷たい空気のなかで、身体を動かしたり、雪が積もっているような景色のなかを走ることで、季節の変化を肌で感じられることも大きな魅力だと思います。

——普段、どのような食事を摂られていますか？

しっかりと食べて回復しないと、翌日から満足のいく練習ができないので、食事はランニングを継続するうえでとても重要です。

現役時代は基本的に朝と夜の2食で、間食に食パンやおにぎりを1〜2個食べる程度でしたが、活動量が一般の方と比べて多いだけに、一度に食べる量もかなり多く、貧血対策としてひじきやレバーを毎食のように食べましたし、疲労回復のためにタンパク質を補給すべく、納豆も毎日4パック食べていました。食事の始めにメカブを食べることで、ねばりで胃腸を守ってくれる感覚があり、習慣にしていましたね。

現在は野菜や汁物中心の食事になり、自分で皮から肉まんを作り、それを朝ごはんとして食べることも多いです。現役時代と比較すると食べる量は減りましたが、長い距離を走る前はエネルギーとなる炭水化物を多めに摂る、走ったあとは回復のためにタンパク質を摂取するというように、走ることと食事を効率よくリンクさせるようにしています。

ランニングにとって食べることは本当に重要で、間違った食生活を続けると、生理不順や骨粗しょう症の原因となることもあります。

――年齢を重ねたことによる身体の変化を感じることはありますか？

他の方が経験するようなホットフラッシュやイライラするといった更年期にありがちな

症状は、これまでに経験していませんが、身体の一部が痒くなって「免疫力が落ちているのかな？」と思うことはあります。今は更年期を隠すものではなく、上手く前向きに付き合っていくという社会になっていますよね。自分だけでなくみんなが通る道として考え、特別なことではないというスタンスで捉えています。

——ゆっくりでも走ることはウォーキング以上に健康維持に効果的であると言われています。年齢を重ねても走り続けようとしているランナーにアドバイスはありますか？

ランニングというと、決められた距離を走り終えたら、それで終了と思われるかもしれませんが、走ったあとの筋肉痛も含めてランニングだと思います。まずケガをしないで継続して走るために、走る前後はしっかりと準備運動やストレッチをすることが大切です。

長距離を走る練習を続けていると、どうしてもフォームが小さくなりがちなので、可動域をしっかりと広げるエクササイズを行うことで、パフォーマンス向上のひとつのきっかけになると思います。また、着地時には体重の3倍ほどの衝撃が脚部にかかります。その衝撃に耐えるための筋肉を動かし、走る前に身体の細部を目覚めさせるための合図を送るようなエクササイズを行うことで、ケガの防止につながります。
走ったあとのストレッチや血液循環を高めるアイシングといったケアが疲労回復を早めるので、走るだけでなく前後の取り組みもしっかりと行っていただきたいです。それが楽しく健康に走ることをより長く継続するためには不可欠だと思います。
さらに言えば、走るだけでなく、食べることと眠ることも重要です。私はマラソンの3大要素と呼んでおり、基本的な生活習慣を整えることで、よりパフォーマンスが上がると思います。ちなみに私が現在使っているポラールという時計は、走行データや心拍数の計測だけでなく、睡眠時間や眠りの質まで測定してくれるので、自分自身の健康状態を把握するのに本当に便利な存在となっています。

――最初の数年は、どんどんタイムが縮んで楽しく走れるけれど、そのうち頭打ちとなって、だんだんやる気をなくし、「もう年だし」とやめてしまう人も。モチベーション維持の秘訣を教えてください。

この数年、コロナ禍によるマラソン大会の中止も多く、モチベーションが落ちてしまったランナーが多いかもしれません。最近では定員割れの大会も見られ、主催者も「大会の魅力をどう発信するか？」が課題となっています。

しかしながら大会が近づくにつれ、その地域で走る人が日に日に増えていく光景は、やはりいいなぁと感じています。マラソン大会は冬のお祭りのような存在だと思っていますので、走るモチベーションをキープするためにもぜひ参加してほしいです。

あと、モチベーションをキープするということで言えば、いつも決められた道だけを走るのではなく、ちょっと道を変えて走ることも効果的です。それだけで、新たな発見があるはずです。いつもの道を逆走することで見える景色が変わったり、家から近い場所でも通ったことのない道を通ってみると、新しいお店を見つけたり、裏通りに神社仏閣を発見したりと、近所を開拓するのも楽しいものです。

私も学生時代は白い地図を買ってきて、走ったことのない道を色のついたペンで塗って、探検ランを楽しんでいました。大会への参加に加えて、ランニングの楽しみ方を実践することも、より多くの方が走り続けるためのモチベーションになると思います。

〝はじめに〟で「6㎞程度の距離で、それほど負荷のないペースなら疲労の蓄積もほとんどないから、毎日走っても問題ないですよ！」とアドバイスしてくれた著名ランナーがいたと書きましたが、実はそれが高橋尚子さんでした。2014年のことです。

ほぼ毎日走るようになってから7年目のことで、フルマラソンでサブ4、ハーフマラソンでも100分切りを達成して、「さて、次の目標は何にしよう!?」と、いろいろ模索し、日々の練習方法に悩んでいた時期だったので、高橋さんからのお墨付きは本当にありがたかったです。

そして、2年連続でニューヨークシティマラソンを走る予定だということを話すと、「2年連続で同じマラソンを走るよりも、メドックマラソンを走りましょう！」と誘われ、2014年の同大会に参加。著名なシャトーを巡るマラソンは、高級ワインを飲めるだけでなく、世界中から集まった走ることを楽しむベテランランナーたちと交流することができ、本当に素晴らしい思い出となりました。

この際にもボルドーの街でインタビューさせていただきましたが、高橋さん自身は、お酒は強くないものの、ワインの奥深い世界に夢中になり、いろいろと勉強し、それで巡り合ったのが「シャトー ピション ロングヴィル バロン」という銘柄。メドックマラソンでも供されたシャトーで、「チームQ」のワインとして、何らかのお祝いの際に開けるようになったそうです。自分も飲んだことありますが、力強い味わいで、たしかに美味しい。

　こうしたお気に入りワインの存在も、高橋さんが現在も走り続けるモチベーションになっているようでした。

朝食は食べてから走るべきか 走ったあとに食べるべきか

佐《さ》原《はら》和《かず》真《ま》
管理栄養士・ランニング指導者

佐原和真さんは、フルマラソンのベスト2時間30分40秒（東京マラソン２０２１）を誇る、走れる管理栄養士。学生時代は野球部に所属し、高校を卒業してから本格的にランニングを始め、地道な練習と走りの研究を続けることで、サブ２・５まであと少しのところに到達したことは尊敬に値します。

陸上部出身でないことから、ランニングに対するスタンスが、どちらかというと一般の市民ランナー目線に近いのが嬉しいところ。ランニングの指導者としても活躍されていますが、「走り」はもちろんのこと、栄養学に関してもわかりやすくランナーに指導してくれます。そんな佐原さんに、年齢を重ねても走り続けるための食生活について教えてもらいました。

――体重70㎏の男性、体重60㎏の女性が5㎞を走る際に必要なエネルギーはどれくらいですか？　というのも、何人かの定期的に走っている知り合いの女性の手作り弁当の量を見たときに、「えっ、こんなに少ない量で大丈夫なの？」と思ったことがありまして。

　普段の食事量によって多少異なるのですが、一日に3食食べて２０００キロカロリーほどを摂取している人であれば、体内でエネルギーを貯蔵するグリコーゲンがある程度蓄えられているので、体重×５ｇの炭水化物・糖質があれば、健康を維持して走り続けられます。最低でも体重×３ｇ（60㎏なら１８０ｇ）の炭水化物・糖質は摂取してほしいです。

――朝食を食べてから走る、もしくは走ったあとに朝食を食べるという両方のタイプのランナーがいますが、それぞれのメリットを教えてください。

まず朝食を食べて走るランナーのメリットとして挙げられるのは、血糖値がある程度上がった状態で走ることができるので、比較的強度が高いトレーニングを行うことができます。

——個人的には、朝食を食べたあとにすぐ走るというのは、消化がされていない気がして、あまり好きではないのですが……。

それは消化の問題ではなく、耐性の問題ですね。腸という臓器は適応能力が高いので、食事してから走るという行動を繰り返すと、耐性がついて、問題なく走れるようになることも多いです。反対に、何も食べないで走る場合は、脂質代謝が優位になりますので、脂質代謝を高めたいときに向いています。

——以前、知り合いの女性ランナーとランチ前に走ったことがあったのですが、1㎞6分40秒のペースでもキツイみたいで、聞いてみると朝食を食べてないとのこと。完全にエネルギー不足で「砂糖入りのコーヒーでも飲んでおけばよかった……」と反省しきりでした。

起きてしばらく経過してから走る場合は、何らかの栄養素を摂取したほうがいいですね。

グリコーゲンは肝臓と筋肉2か所に貯蔵されるのですが、血糖値を維持するほうのグリコーゲンは肝臓に貯められます。そのストックは最大でも４００キロカロリー程度しかありません。夕食をお腹いっぱい食べたとしても一晩寝て起きると、その量は２００キロカロリーくらいまで減ってしまいます。

この状態でも軽めのジョグなら問題なく走ることができるランナーも多いと思いますが、前日の食事量や体質によっては、何も食べずに走るというのは向いていないかもしれません。どんな練習をするかによって、食事のタイミングや食事の内容を決めればいいと思います。

――ランナーが定期的に走り続けるために特に必要な栄養素は何ですか？　また、その栄養素を効率よく摂取できる食べ物は何ですか？

炭水化物、タンパク質、脂質、ビタミン、ミネラルという5大栄養素、それに食物繊維を加えた6大栄養素は、ランナーに限らず重要ですが、ランナーにとって特に必要な栄養素は炭水化物とタンパク質です。

炭水化物はエネルギーとして必要で、ランナーは一般の人よりも足りなくなりがちなので、プラスして摂るべきです。タンパク質に関しても負荷の高いトレーニングを行う場合は、積極的に摂取したほうがよいです。

また加齢によって筋肉の分解速度が速くなるので、タンパク質は重要です。年齢を重ねると消化吸収が悪くなるので、若い頃のように血液に吸収されません。年配の方ほどタンパク質の摂取を心がけたいところです。

あと、個人的に注目しているのが食物繊維です。特にＭＡＣ（Microbiota-accessible carbohydrates）と呼ばれる発酵性食物繊維は、腸内環境を整え、免疫力を向上させる働きがあると言われています。

食べ物で言えば、炭水化物は米、食パン、そば、うどん、パスタなど。タンパク質は肉、魚、大豆、牛乳、乳製品。食物繊維に関しては、野菜、果物、豆、精製されていない穀物から摂取することができます。

自分はヨーグルトにグラノーラをトッピングすることも多いですが、この組み合わせですとタンパク質と食物繊維を効率よく摂取することが可能です。

——日々のランの前に食べたほうがいい食事の例を教えてください。反対に食べないほうがいい食事の例も教えてください。

消化吸収がよいこと、エネルギーになりやすいことがキーワードになります。

おにぎり、うどん、そばやパンといったものがよいでしょう。

ただし麺類に天ぷらなどをのせる場合は、消化のことを考慮して脂っこくならない程度のボリュームにし、パンの場合は脂質の多い総菜パンやクリームパンなどは避けるか、走るまでにある程度時間を空けたほうがいいと思います。

食べないほうがいいのは焼き肉、揚げ物といった消化に時間がかかるもの。カレーや唐辛子などを使った刺激の強い食べ物も、走る前には向いていません。

——フルマラソンの前に食べたほうがいい食事の例を教えてください。反対に食べないほうがいい食事の例も教えてください。

消化のことを考慮すると、スタートの３時間前に食事を済ませておくことがベストです。

レース前に何を食べるかは、「その場所で何が食べられるか？」によって大きく変わってきます。海外でもニューヨークやロサンゼルス、ハワイといった街では、おにぎりが手に入ったりするので、それを食べるのがおすすめです。

レース前は、消化吸収しやすい、エネルギーになりやすい食べ物を選ぶことに加えて、脂質が多いもの、普段食べ慣れていないものは食べないほうがいいでしょう。食べすぎはよくないですが、１００～２００ｇほどの炭水化物を摂取すると、起床までに減ったエネルギーを補給することができ、いい状態でスタートラインに立つことができるはずです。


――これまで50回ほど海外マラソンを走りましたが、レースの朝にお米を食べられるとホッとします。

ゴールドコーストマラソンは4回走っていて、この街でおにぎりを手に入れるのは難しいですが、毎回キッチン付きコンドミニアムに宿泊していたので、パックご飯をレンジで温めて、ふりかけと味噌汁を朝食にしていました。ゴールドコーストではフルマラソンの自己記録を二度更新していますが、フラットなコースと走りやすい気温に加えて、食べ慣れた朝食を摂ることができたのも、達成できた理由のひとつだと思います。

反対にベルリンマラソンのときは、豪華なビュッフェスタイルの朝食が用意されていて、カリカリベーコンやソーセージを始めとしてどれもが美味しそうで、食べすぎました。その結果充分に消化されない状態で走り始めることになり、中間点を過ぎるまでは、胃もたれがして辛かったです。

リラックスした状態と比較すると、レース直前は気持ちが高ぶっているので、その状態だと消化がよくありません。ご飯とふりかけ、ご飯とちょっとしたおかず、海外ならパンを食べるくらいでいいと思います。

国内レースだと自宅から直接レースに向かう場合もありますよね。そういった場合は、お餅がおすすめです。ご飯以上に消化吸収が速いですよ。

あと、普段の生活では食物繊維の摂取をおすすめしますが、レース前に野菜など食物繊維が多く含まれるものをたくさん食べると、体内にガスが溜まり、レース中に不快なこともあるので、食べすぎには注意しましょう。

――昔、海外渡航する際は必ず干し芋を持っていった時期があって、最初の海外マラソンの前日や当日も食べていました。その結果お腹にガスが溜まった状態になり、周囲にランナーがいるときは我慢しましたが、まわりに人がいないのを見計らって、ゴールするまでときどきオナラをしていたことがありました。それからは干し芋だけでなく、レースの前は野菜も含めて、食物繊維の多いものは、ほとんど食べなくなりました。

レース前は食物繊維を大量に摂る必要はないので、炭水化物中心の食事にしましょう。

――走り終わったあとに食べるべき食事の例を教えてください。反対に食べないほうがいい食事の例も教えてください。

フルマラソンなど、走り終わったあとに真っ先に摂取してほしいのは、水です。

ゴールした際には脱水状態になっていることが多く、腸などの消化器官へ送られる血液の量が減っています。そのために消化吸収能力が落ちていますので、水分を充分に補給し、水分状態を通常レベルに戻すことが重要です。

そのあとで、炭水化物やタンパク質を補給すると効果的にリカバリーできます。肉や魚をメインにご飯やパンも食べるのがいいでしょう。ファミリーレストランや洋食店に行くことができれば、オムライスもおすすめします。

食べないほうがいいのは、脂質の多い食事です。焼き肉は、脂身がほとんどのギアラのような部位はやめたほうがいいですが、赤身の肉やホルモンでもハツやミノといった部位はタンパク質が多く含まれています。

あと、フルマラソンのあとの適度な量の祝杯は問題ないですが、過剰なアルコール摂取は、筋肉のタンパク質合成に悪影響を与えるので避けましょう。

——中高年の方で粗食のほうが成人病になりにくいということで、明らかにカロリーが足りていない食事内容のランナーがいるのですが、このような食生活を続けた場合の弊害はどのようなものがありますか?

ランニングによって消費するエネルギーは膨大で、残されたエネルギーで骨や血液をつくったり、免疫力を高めたり、ホルモンをつくったりなどの生活を支えるエネルギーを確保しなければなりません。

しかしながら長年にわたって粗食を続けていると、その生活を支えるエネルギーが不足してしまっています。その状態のことを、RED-S（Relative Energy Deficiency in Sport：レッズ）、日本語にすると相対的なエネルギー不足状態と言います。消費カロリーに対して摂取カロリーが圧倒的に少ないのに、代謝が落ちて、なぜかバランスがとれてしまっている状態です。

女性だと生理が止まってしまったり、骨の代謝にも問題が起こることもあります。これは無理にバランスをとっている状態で、骨粗しょう症や貧血といった症状につながりやすくなります。

少ない量の食事を続けていると、なかなか一般的な量を食べられなくなりますが、走れなくなる状態になる前に適正な栄養量を摂るようにするべきだと思います。骨のことでいえば、骨密度を保つためには適度な衝撃を与えるべきなので、ウォーキングよりもスロージョグのほうが効果的で、あとは減量しすぎないことも重要です。

――年齢を重ねても走り続けたいという中高年のランナーこそ定期的に摂取したほうがい

いという栄養素、もしくは食べ物はありますか？

繰り返しになりますが、炭水化物、タンパク質、腸内環境を整えるためにも食物繊維は重要です。食品でいうとご飯や肉、魚といった主食主菜。あと牛乳など栄養密度の濃いものもおすすめします。乳糖不耐症で牛乳が苦手な場合はヨーグルトがいいでしょう。納豆はコストが安い割に効率的にタンパク質が摂取できます。

自分が毎日のように走ることができている理由のひとつが、走ったあとの食事が美味しいこと。それゆえに、今回の佐原さんへの食事に関するインタビューはとても興味深かったです。

ランニングが日課となってから2022年の11月で15年が経過しましたが、現在では「何を食べるべきか？」「何が食べたいか？」ということを脳よりも身体が明確に判断してくれるようになっています。

自分自身の健康状態には自信がありますが、佐原さんのお話を聞いて、食物繊維をもう少し摂取しようと思いました。現在は肉やご飯を食べる量と比較して、明らかに野菜の量が少ないので、意識して摂りたいと思います。以前の失敗があるので、レース前日とレース前はやめておきますが。ランナーの日々の食事とレース前後の食事は共通点も多いですが、異なる点もいくつかありますね。そのことを踏まえて、今回勉強したことをいろいろと実践したいです。

脳科学的に、朝と夜 走るのに適しているのはどっち？

茂《も》木《ぎ》健《けん》一《いち》郎《ろう》
脳科学者

茂木健一郎さんは、テレビ出演も多く、多数の著書も出版されていることから、その存在は広く知られていると思いますが、今から20年ほど前に初めてフルマラソンにチャレンジするなど、実はベテランランナーで、走ることがライフスタイルの一部になっているということは、意外と知られていないかもしれません。日々走ることをエンジョイしている茂木さんに、独自のランニングスタイルをお聞きしました。

——ランニングの世界では「朝走ったほうがいい！」「夜走ったほうがいい！」と諸説あ

るのですが、脳科学的に走るのに向いている時間帯はありますか？

人間を含む生物は、地球の自転による24時間周期の昼夜変化に同調しており、ほぼ１日の周期で体内環境を積極的に変化させる機能を持っています。人間においても体温やホルモン分泌など身体の基本的な機能は約24時間のリズムを示すことがわかっており、この約24時間周期のリズムは概日リズム（サーカディアンリズム）と呼びますが、これによれば昼に走るのがいいかもしれません。

自分自身、忙しいときは走る時間はまちまちになりますが、なるべく朝走るようにしています。朝食後のこともあれば、走ってから朝ごはんを食べることもあります。継続するにはあまりスケジュールを決めないほうがいいと思います。自分はメキシコの少数民族で「走る民」と呼ばれるタラフマラ族の、走りたいときに突然走るという思想に共鳴しています。

——私もほぼ毎日６㎞走っていますが、走る時間は特に決めていなくて、1日24時間のどこかで６㎞走るというスタンスです。それによって２００７年以来ずっと走り続けられている気がします。

継続時間も決めなくていいでしょう。「最寄りのコンビニまで走る」「あそこの交差点まで走る」というように細切れでも全然いいと思います。

時間がとれたときは10km走ったりしますが、自分は走る前の準備運動はしません。その代わりに最初はゆっくりペースで走り始めます。これがウォームアップになっているかと。「あの電柱と電柱の間は速めに走る！」というようにペースを上げて走ったりして、ペース変化も楽しみ、最高で時速12〜13kmまでスピードアップすることもあります。

――ゆっくり走ったほうが脳は快適な状態になると聞いたことがありますが、その説はいかがでしょうか？

脳が無意識かつ自動的に活発になる脳機能ネットワークを、デフォルトモードネットワークといいますが、リラックスした状態が最も活性化します。

ニコニコ笑顔で走れるくらいのペースが、脳は快適な状態に保たれていると思います。

反対にペースアップしてゼーハー呼吸して走っている状態では、「努力しなければいけない！」意識が、前頭葉に負荷をかけてしまいます。それもあって、速いペースで走って「疲れたなぁ」と思うときは、肉体だけでなく脳も疲労していることが多いのです。

健康を維持するということであれば、アスリート以外は速く走る意味はないと個人的には思っています。蝶《ちょう》がいたらそちらの方向に向かって走り出しますし、きれいな花を見つけたら立ち止まり、きれいな景色があれば写真を撮ります。

ストイックに走るということとは無関係です。走っているときに発想が浮かんだり、記憶が整理されたりすることが多いと日々実感していますし、ゆっくり走っているときのようなリラックスした状態が、デフォルトモードネットワークを活性化させるのにベストな状態と言えます。連想が連想を生んでいくような状態ですね。

――なるほど。たしかに仕事に行き詰まったときや忙しすぎて、にっちもさっちも行かないようなときに、気分転換に走りに行くこともあるのですが、そうするとアイディアが閃《ひらめ》いたり、答えが出たり、解決方法や仕事の進め方を整理できることが少なくありません。そういったときはゆっくりと無理のないペースで走りますが、これもデフォルトモードネットワークが関連しているのでしょうね。

自分は走ることは生活を楽しむことと捉えています。マラソンを走るときも、それほどタイムは気にしていません。マラソンのタイムはあくまで12進法の数字であり、あまり重要だと思っていないのです。上手く走れたときは嬉しいですが、あくまで目的ではなく結果です。

日本人は何事に対しても真面目すぎて、「本当に走ることを楽しんでいるのかな?」と感じ、それは脳にとってはよくないランニングかもしれません。アスリートは別として、一般のランナーは走ることを楽しんだほうが、長続きするでしょう。

――ということは、コロナ禍でマラソン大会が次々に中止になったことも、茂木さんのランニングライフにあまり影響を与えなかったですか?

そうですね。自分の場合は時間があれば、42・１９５㎞を走って一人フルマラソンをすることもあるので。マラソン大会でありがたいと思うのは、スタートからゴールまで赤信号で止まらなくていいこと、給水所が用意されていることくらいです。

基本的に一人で走るほうが好きで、そのほうがいろいろなことを考えることができます。皇居などで後ろに人が付いている状態や、追い抜く人が多いような状況は気が散ってしまって好きではありません。あとは毎回違うルートを走るのが好きです。同じＡからＢという地点を移動するときも、道を変えるだけで違った景色を見ることができて楽しいです。

自分のランニングスタイルはレクリエーショナルランといった感じで、学校体育の１５００ｍ走に代表される「走ること＝辛い」という思い出の対極にあります。

——学校のマラソン大会で無理やり走らされ、それ以来走るのはこりごりという人も非ランナーには多いですよね。

「途中で飽きたら立ち止まってもいい」「ゆっくり歩いてもいい」「ペースは一定でなくていい」「誰かと競争する必要もない」そうした走り方を学んだ人のほうが一生走り続けることができるでしょうね。

たとえば読書なら、読みたいときに自分のペースで本を読むから楽しいのであって、これから「1分につき1ページのペースで読め！」とか言われたらつまらないですよね。人間の脳は強制されると反発するという特性もありますし。

走ることについては、「競争」「根性」「忍耐」といった間違った方向性を日本の学校体育は植え付けてしまっていた気がします。走りたいから走る、楽しいから走る、Ｆｕｎ ｔｏ Ｒｕｎといったスタンスでいいと思います。

あと最近気になっているのが、健康を意識するのはいいですが、食べる量を減らすダイエットや糖質制限ダイエットを始めとした、枯れた方向に向かっている人が多いことです。自分はたくさん食べて、たくさん呑んで、たくさん走ってというスタイルのほうが生きている意味があると思います。

先日、知り合いとの会話で話題になったのが、日本人は世界的にも長寿国であるのは事実だけど、健康寿命は意外と短いということ。これからの高齢化社会において、医療費の削減や健康寿命を延ばすためにも楽しんで走り続けることはとても有効だと思います。

ほぼ毎日走るようになって15年ほどが経過しました。解決しなければならない問題がある忙しいときも走りましたが、そうすると不思議なことに、悩んでいた問題を解決する答えが、ふと閃くことが少なくありませんでした。走り続けることができた、最も大きな理由が「走ったあとのご飯が美味しいこと」ですが、2番目の理由は、走っていると頭の中が整理されて、ポジティブな状態になれたこと。

茂木さんにデフォルトモードネットワークという言葉とその意味を教えていただき、「まさにコレだ！」と思いました。リラックスした状態のほうが、デフォルトモードネットワークが活性化するということもお聞きしたので、これからも楽しみながら走り、結果的に問題解決のヒントになればいいと思いました。

身体の動きを大きくし、レース終盤でペースが落ちないためのストレッチ

森川《もりかわ》 優《ゆう》
柔道整復師・スポーツトレーナー
R-total relaxation- 代表

森川優さんは、故障に悩むランナー、より速く走ることを目指すランナーから絶大なる信頼を得ています。ホノルルマラソン日本事務局公式トレーナー、シドニーマラソン日本事務局公式トレーナー、パラアスリートのガイドランナーなど、ランニング関連の仕事をすることも多く、メディアにも頻繁に登場しているので、ご存じの方も多いでしょう。
そんな森川さんに、年齢を重ねても走り続けるのに効果的な補強運動とストレッチを教えていただきました。

――最近は走る練習だけでなく、補強運動をプラスすることで好成績を収めているランナーやチームも多いですが、年齢を重ねても走り続けるのに効果的だと思われる補強運動はありますか？

10年以上走っている50代、60代のランナーの多くはハムストリングスや大腿《だいたい》四頭筋《しとうきん》の筋力が落ちています。膝の痛みも、こうした部分の筋力低下により股関節が上手く使えず、膝下だけで走るフォームになっていることが原因のことも多いので、この部分の強化は重要だと思います。

あと、お尻まわりの筋力をアップさせると効率よく路面に脚力を伝達できるようになり、走りの安定感が向上しますので、故障のリスクを低下させることができます。

●ヒップリフト

お尻を持ち上げる動作を繰り返すことによる、腿《もも》の後ろ側の筋力強化

1. 仰向けに寝て、体育座りのときよりも膝を広めに開きます。

2. 両方の踵をしっかりと地面につけて、お尻を持ち上げます。

3. 腹筋とお尻を締めるのを意識してお尻を持ち上げると、腿の裏がつりにくくなります。
4. 踵、膝が真っすぐになるようにします。

●サイドヒップリフト

横方向にお尻を持ち上げることで、臀部《でんぶ》の横の筋力強化

1. サイドプランクの姿勢で、胸を張った状態からスタート。
2. 肘を床につけ、上半身を固定したまま膝を支点に上方へ持ち上げます。
3. 上げ下げを繰り返します。
4. 左右の筋力差がある場合は、弱いほうの運動回数を増やします。

●アンダーランジ

大腿前部、股関節まわりの筋力強化

1. 左右に傾きがないように足を前後に開き、片膝立ちの状態でスタート。
2. 前側の足に力を入れ、後ろ側の膝を本1冊分ほど持ち上げてキープします。
3. 限界を感じたら下ろします。

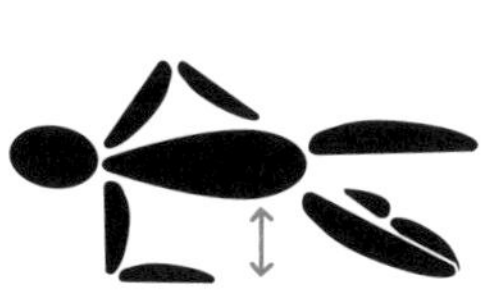

4. 後ろ側の足はあくまで身体を支えるために使い、力は入れないようにしましょう。

――年齢を重ねても走り続けるのに効果的だと思われるストレッチを教えてください。

加齢によって顕著なのが、捻転力すなわち身体をねじる力の低下で、これにより手足は動いているのに胴体が動いていないロボットのようなフォームになっているランナーが少なくありません。こういったフォームは股関節の柔軟性を失い、腰の痛みなど、ケガをしやすいので、特に身体のサイドのケアをしないといけないですね。

●内転筋のストレッチ

1. 片膝立ちの状態で、反対側の足は小指が上になるように伸ばします。
2. 伸ばしているほうの足を、内腿方向に力を入れてさらに伸ばしましょう。
3. 両手を床について、押し込むようにしても大丈夫。
4. 腰を入れるようにすると、自然と内腿を伸ばすことができます。
5. 伸びている状態では、力を抜くことを意識しましょう。

●太腿前部のストレッチ

1. 横向きに寝て、下の足を椅子に座っているときと同じ角度にします。
2. 上側の足のつま先を持って、背中のほうに伸ばします。
3. 下側の足を伸ばした状態で行うよりも、腰骨から膝にかけてしっかりとストレッチができます。

●太腿前部の筋膜リリースによるセルフケア

1. 座った状態で、片方の足を前に伸ばし、つま先を内側へと倒す。これにより、大腿四頭筋の外側が正面を向きます。
2. 前腕の小指側のラインを使って、大腿四頭筋の状態を確認しながら擦るようにセルフケアします。この部分が硬くなっていると、腸脛靭帯炎などにつながります。
3. 継続すればするほど回復力が高まります。
4. セルフケアを行う前後に足の曲げ伸ばしを行い、効果の確認を行いましょう。

●身体の側面のストレッチ

1. 片膝立ちの状態でスタート。
2. 頭の上で両肘をつかみます。
3. 側面を伸ばすように、前方に出した足側に上体を倒します。

●腿裏のストレッチ

1. 短距離走のクラウチングスタートの状態から始めます。
2. お腹と太腿前部を密着させます。
3. 後ろ足をできる限り引きます。
4. お腹を太腿前部から離さないようにして前足のつま先を浮かせ、正座するように身体を下げることで腿裏を伸ばします。

●腰と上半身のストレッチ

1. 横になって、身体をねじって足をクロスさせ、反対側の手で膝を押さえます。
2. ねじったほうの足と同じ側の腕を、円を描くように回します。

3. 硬さのある場所で止め、呼吸しながら腰と大胸筋など上半身をストレッチ。

4. このストレッチにより足だけで走るのではなく、捻転力、すなわち身体全体の連動運動を活用しやすくなります。

――走り始める前におすすめのダイナミック（動的）ストレッチを教えてください。

関節の可動域を大きくして、筋肉に負荷をかけずにスムーズな動きを目指しましょう。力を無理に入れて大きく動かすのではなく、勝手に可動されるよう関節を解放するようにします。ランニングは身体の各部位の連動が重要なので、身体のなかでスイッチを入れる意識を持てるようにします。そのために日常生活ではあまり行わないような動作を取り入れます。

レースの終盤で「明らかにペースが落ちたなぁ。どうしたんだろう？」というときがあると思います。多くが、姿勢が前かがみになっていることが原因で、肩甲骨の動きがほとんどなくなっています。その状態から脱して、ペースを復活させるのに有効なストレッチも紹介します。

●脚の前後の振り子運動

1. 壁に横に手をついて、斜めにならないように真っすぐに立ちます。
2. 壁側の足を前後にスイングさせます。
3. 間違っているケースが多いのは、壁側ではなく反対の足を振ること。これだと身体が斜めになりやすいです。
4. スイングで力を入れるのは身体を中心に前後に45度程度で、これ以外の位置では力を抜いて慣性の法則を利用する意識で。
5. 慣れてバランスがとれるようになったら、壁の補助なしで行ったほうがランニングのためのダイナミックストレッチとして効果的です。

●脚の左右の振り子運動

1. 前傾した状態で壁に両手をつきます。
2. 片足ずつ内側から外側へと左右にスイングさせます。
3. 内側からの反動で、外側から内側にもしっかりと振ることができます。

●脚の回旋運動

1. 壁に手をつき立ちます。
2. 膝を上げたところから、円を描くように外回しに動かします。
3. 次に内回しで上げた位置に戻します。
4. 「膝でどれだけ大きな円を描けるか」を意識しながら行います。

●肩甲骨と股関節を連動させるための運動

1. 肩に指先を当て、反対側の膝を上げた姿勢をとります。
2. この状態から腕と足を同時に前に回します。
3. 後ろ側にも回します。
4. この際に走るときの上半身と下半身の連動を意識します。

●レース中に前かがみの姿勢を修正するストレッチ

1. 手のひらを背中に回し、腰に当てる。
2. 走りながら肩甲骨を寄せるように、両肩を後ろ側に回します。

3．もしくは両肘を背骨に寄せるように、背中側にパタパタと寄せます。
4．行うタイミングは、ペースが落ちにくいなだらかな下り坂がおすすめ。

――レースを走り終わったあとにおすすめのスタティック（静的）ストレッチを教えてください。

ほとんどのランナーは、レース後半になると股関節まわりの大きな筋肉を使えなくなり、足首を返した走りになりがちで、ふくらはぎ周辺の筋肉に大きな負荷がかかります。これは厚底レーシングシューズ全盛の現在でもあまり変わっていません。

あと、前かがみの姿勢で走り続けているので、広背筋もストレッチで伸ばしてあげたほうがいいでしょう。それに加えて、ハムストリングスとお尻のストレッチを行うことが、レース後に特に有効となります。

●腓《ひ》腹《ふく》筋《きん》とひらめ筋のストレッチ

1．片膝立ちの状態で、反対の足を外に逃がします。

2. 胸を腿に密着させて力を抜き、両手を目の前について補助しながら、頭から前に倒れるような意識で行います。
3. 前に倒れ込むときは踏ん張らないように。
4. 充分な時間がない場合は、車道と歩道の段差などを使って、立ったままでも腓腹筋とひらめ筋のストレッチは可能です。

●広背筋のストレッチ

1. 手すりやフェンスなどにつかまって、頭をしっかりと下方向に入れることで、背中の筋肉を伸ばします。
2. 斜め後ろに引っ張るようにひねりを入れながら行うと、脇から腰のほうまでストレッチすることが可能になります。
3. レース後だけでなく、日常のランのあとにも効果的なストレッチです。

●ハムストリングスのストレッチ

1. 身長にもよりますが、40〜60㎝ほどの高さ（椅子など）に片方の足をのせます。

2. 背もたれなどを手で持ち、上半身を前傾させ、お尻ではなく膝裏から腿裏がしっかり伸びるよう、胸を腿の前部につけたまま後ろに引きます。

3. 足を伸ばしたまま、足先でバイバイの動きを繰り返すことも有効です。

●臀筋のストレッチ

1. 椅子に座った状態で、片方の踵を反対側の膝にのせるようにします。

2. 膝を押すとお尻の筋肉が伸ばせます。

3. さらなるストレッチ効果を得るには、両手を下ろすようにします。

4. その際、頭から身体を倒すのではなく、胸から倒すようにしたほうが臀部にしっかりと効かせることができます。

――最近は中高年でも厚底レーシングシューズを履くランナーが増えていますが、こういった推進力を重視したタイプのシューズを履きこなすための補強運動を教えてください。

厚底レーシングシューズを履きこなすには、いくつかのポイントがあります。

最初に挙げられるのは、地面を押す力です。これらのタイプのシューズのミッドソールには従来よりも反発性に優れた素材が使用されていますので、その特性を最大限に利用するためにも足を地面に叩きつけるのではなく、着地したタイミングで上手く足離れさせ、素材の反発性を効果的に得ることが重要です。そのためにも押す力を強化する補強運動をおすすめします。

ふたつ目は、接地の安定感です。安定した状態で接地しないと、押す動作へとスムーズに移行できません。安定していない状態で地面を押しても、本来得られるはずの推進力が得られないのです。

●着地のタイミングで地面をしっかりと押すことをマスターするためのジャンプ

1. まず、縄跳びを跳ぶように両足でその場でジャンプを繰り返します。
2. 次に、片足でケンケンのようにその場でジャンプをします。
3. 慣れてきたら3回目で強く地面を押してより高くジャンプ。
4. それもマスターしたら、歩幅や滞空時間を長く保つように、
前方向へ片足ジャンプをします。

5. いずれの場合も身体が前後左右にブレないように軸を保ち、姿勢にも注意をはらいます。

●着地安定性を高めるためのサイドステップ

1. 横方向に大きく踏み出します。
2. この際に身体がグラついたり、外に流れないように。
3. つま先、膝の向きは真っすぐ。身体が開かないように、片足ランジのような姿勢を意識します。
4. しっかりとバランスがとれた状態が確認できてから反対側へとステップすることが重要です。

森川さんに教えてもらったストレッチと補強運動のすべてを、2～4回実際にトライしてみました。補強運動でいえば自分が難なくマスターできたものと、行った翌日に筋肉痛

がかなり残った運動、ストレッチでいえば無理なく可動できたものと思ったよりも動きのよくないものがありました。右は難なくできるのに、左はかなり辛い補強運動やストレッチもあったのです。

これまで大きなケガを経験していませんが、年齢を重ねて身体の柔軟性や筋力が落ちているのは事実。自分にとって特に効果的だと思ったのは、脚の前後の振り子運動と椅子に座っての臀筋のストレッチ。前者は3回行うと、明らかに脚の可動域が広くなり、後者はいつも感じていたお尻まわりの疲労感がスッと抜けた気がします。

これまでストレッチや補強運動は、走ることと比較すると楽しさを感じられないので、割く時間はあまり多くありませんでした。忙しいとどうしてもおろそかにしがちですが、ある程度の時間を使ってストレッチと補強運動を行うと、身体のコンディションがかなりよくなり、ランニング時のストライドも軽快になった気がします。

市民ランナーは
月間走行距離を気にしすぎ!
加齢でタイムを落とさない秘策とは?

鈴木《すずき》 彰《あきら》
NPO法人あっとランナー代表理事・
e-Athletes ヘッドコーチ・日本スポーツ協会公認コーチ

２００１年のランニングスクール創設以来、市民ランナーのトレーニング指導に取り組んできた鈴木彰さん。現在は、ミドル・シニアランナーのコーチとしても活躍中です。配信１０００回を超えるメールマガジン「ＢＥＳＴ　ＲＵＮ！」やステップメール「ミドル・シニア世代ランナーのためのバイブル」でもトレーニングのヒントを惜しみなく伝授しています。

自身は中学から本格的に走り始め、高校、大学、実業団を経て指導者に。自らも生涯現役を掲げて走り続けていて、60歳サブ3、70歳サブ3・5、80歳サブ4、90歳フル完走が目標とのこと。そんな鈴木さんに、中高年ランナーへのアドバイスをいただきました。

――高齢から走り始める人や女性ランナーが増えていますね。

ランニングブームの影響もあって、「誰でも走れるらしい、走ると楽しいらしい、健康にも良いらしい」と、運動経験のない人が始めるケースが増えています。その人気はレジャー感覚でゴルフやテニスをも追い越してきた印象です。

自分のランニングチームも、始めた20年前は女性が5%だったのが、ピーク時は55%まできいき、女性のほうが「コーチについて習いたい」と思う傾向が強いように思います。

――長続きする人、しない人の違いは何でしょう。

学生時代から走っている人は、40代前後でやめていく例が多いです。箱根駅伝に出た人が、45歳前後で市民ランナーに抜かれる。これを「ゴールデンクロス」、下のグラフ線が上と交差し突き抜けるという意味の株式用語ですが、マラソンに当てはめて使っています。少しずつ走力を落としていく元アスリートの自分が、少しずつ走力を上げていく市民ランナーに追い抜かれていくことで、一気にモチベーションがダウンしてしまいます。また、フルマラソンで3時間以上かかってしまう自分が許せないというようなこともあります。タイムを気にしすぎる人は、かつてのようなタイムが出なくなると一気に「もうやめた」となってしまいやすいですね。

逆に40〜50代で始めた人は、故障がなければ60代以降も走り続けたい派が多いです。

——自分含め、「いつまでも、まあまあのレベルで走りたい」と思うランナーは多いです。

ランナーは大きく分けて、①シリアスランナー（競技志向・タイム狙い）、②レースフリーク（とにかくレースに出る）、③健康ランニング（レースに出る出ないを問わず走る）、④ファンランナー（走ること自体が楽しい）の4タイプです。

シリアスの一部とレースフリークの多くの練習法は自己流です。多くのランナーにとって唯一のトレーニング指標である「月間走行距離」を気にするよりも、もっと「練習の内容や質を陸上競技に寄せていく」ことで、街や建物と同じように、何歳になっても「身体の再開発」が期待できます。陸上部員なら、走るだけでなく基本トレーニングとして当たり前に取り組んでいるランニングドリル（スキップや腿上げなど）や体幹の筋トレを取り入れることで、ランニングフォームの改善や走るのに必要な筋力の向上にもつながり、結果として、加齢とともに落ち続けるタイムが再浮上するかも。限界まで記録が落ちてから、再び上昇することを「底打ち反転」と呼んでいます。

――「底打ち反転」も株式用語、面白いたとえですね。

伸びている時期は、走っているだけでも心肺機能や筋力を維持、向上できますが、加齢に伴う下降が始まると、走るだけではこれらを維持することができなくなり、体幹を使えず脚をしっかり上げて走ることができなくなってくるものです。この練習を消化すれば、これだけの結果が出るはず……的な過去の経験・記憶は、オーバートレーニングにつながり、ますます低下が加速します。距離やペースの数字だけ以前と同じトレーニングをしようとしても、効率を落とすだけです。ましてやスピード練習を多く取り入れることで、スピードが戻るわけでもありません。

こうした下降、いわば「劣化」が起こったら、年齢のせいと諦めず、ランナー的な身体をつくり直すことが大切です。たとえばトレーニングできるのが1時間しかなければ、そのうち10分をドリルにあてる。２㎞走る距離が減ってもドリル分のプラスがあります。走る前後のストレッチも手を抜かずに。基本練習なんか今さら、と言わず、やってみてください。睡眠、栄養、ケア（マッサージ等）を見直し、回復力を取り戻すことも大切です。

走る量よりも現状に応じた適正な負荷をかけていくトレーニングにより、これまで自己流で積み重ねてきた土台のぐらつきが整え直され、下降が始まっているランナーでも、50代は1年1分、60代からも1年3分くらいしかフルマラソンのタイムは低下しないはずです。そもそも加齢の影響だけで毎年、何分も急激にタイムが落ちるということはないのです。上手くいけば記録が上向くかもしれません。

――練習のマンネリ化を防ぐためのアドバイスをいただけますか？

速度の強弱をつけるスピード走やペース走は取り入れている方も多いと思いますが、上りをがんばり、下りは楽に走って戻ってくる「坂道インターバル」もおすすめです。上り坂は身体を大きく使う練習になり、フォーム改善につながります。私が主宰する練習会でも、ときどき片道２㎞の緩やかな坂を往復するコースを利用しています。行きはきついけれど、帰りは休みながら走れて、くせになるという生徒も結構多いですよ。

――たまにはコースを変えたり、普段一人で練習している人も、単発の練習会などに参加して、他のランナーと一緒に走るのも、いい刺激になりそうですね。

最後に、鈴木さんのイメージする理想的シニアランナーとは？

年齢の割には、長くも速くも走れて、大きな故障や慢性的な不具合がない。普段もランニング中も姿勢がよく、身体のバランスがいい。人格的にも優れ、若いランナーから憧れられるようなシニアランナーをみんなで目指しましょう。

創刊号を青梅マラソンで手売り
「ランナーズ」初代編集長の走る50年

下条《しもじょう》由紀子《ゆきこ》
フルマラソン完走１５０回
自己ベストは３時間02分31秒（ウィーンマラソン）

走り始めた人の大半が、一度は手にするであろうランニング情報誌「ランナーズ」。発行する株式会社アールビーズは、マラソン大会のオンラインエントリーや、シューズに付ける記録計測チップなど、ランニングブームを多方面から支えるサービスを展開し続けています。対象大会の全完走者の記録を集計し、男女別1歳刻みで発表される「フルマラソン1歳刻みランキング」を励みにしているレース愛好家も多いのではないでしょうか。

１９７６年の創刊から２０１８年まで長きにわたって雑誌「ランナーズ」の編集長をつ

とめた下条さんに、お話を伺いました。

――これまでフルマラソンを１５０回も完走されたそうですが、走り始めたのはいつ頃ですか？

半蔵門の広告代理店でＰＲ誌の編集をしていた１９７２年、25歳からです。社内で誘われて皇居を走ることになりました。みんな同時にゴールできたらおもしろいなと、遅そうな人から順にスタート。女性は一人だったので私が最初でしたが、誰にも抜かれずにゴール。１周５㎞を30分切るくらいだったかな。これで走る楽しさに目覚めました。

皇居を走る人は当時からいましたが、女性はほぼいなかったですね。走りながら、自分に合うシューズやマラソン大会の日程など、走る人のための情報誌を作りたいなと思うように。

――わずか３年後、プロカメラマンのご主人と二人で株式会社ランナーズ（アールビーズの前身）を設立、素晴らしい行動力ですね。

夫の橋本とは１９７４年に結婚し、翌年春の新婚旅行でボストンマラソンを視察。帰りにニューヨークとホノルルにも寄って、公園や海沿いを走るたくさんの人たちに出会い、帰国後創刊の準備を始めました。１９７６年2月の青梅マラソンに合わせて創刊、主催者の許可を得て、場所の確保と長机１台を借り、当日はレンタカーのトラックに雑誌を積んで会場へ。定価は当時の喫茶店コーヒー代と同じ２８０円に。32ページしかなく、パンフレットと間違えて持っていかれそうになったり。

――創刊から40年以上も編集長を続けられましたが、振り返っていかがですか？

橋本が新しいことを始めるタイプで、「ＲＵＮＮＥＴ」で大会エントリーを格段にスムーズにしました。オランダで牛の選別に使うタグを参考に「ランナーズチップ」を開発して、大会の記録をオンタイムで出せるようになりました。毎年のフルマラソンの記録を１歳刻みで出す「年齢別ランキング」によって、マラソンに出場のモチベーション喚起など、どんどんと。

マラソン大会の制限時間が延びたことで初心者の出場も増え、練習不足などもあり緊急搬送などが起こりやすくなったこともありますが、しっかり準備してこそ、ゴール後、本当の達成感が得られると思います。

——ＲＵＮ歴50年、変化や衰えを感じたことは？

もちろん、スピードやタイムはグンと落ちました。ただ、子どもがいないので、加齢を感じる機会があまりないかもしれません。編集長としてずっと、おかあさん的役割ではありましたが。コロナ前に出た大会ではハーフマラソンで２時間を切るくらいでした。

——走るときもご主人と一緒に？

はい、大体毎日６kmくらいずつ、月１００km程度でしょうか。足首に各１kgの重りを付けて、筋トレ代わりにしたこともあります。昨年、柴犬を２匹飼い始めて、朝晩の散歩がマスト、夕方は最近は水中ウォークを50分やることが多いです。ただ、もう一度フルマラソンに挑戦してみたい気もします。

気になる箇所を気にせず走るためのテーピング

丸山《まるやま》里夏《りか》
ピップ株式会社
「プロ・フィッツ」テーピングインストラクター

丸山里夏さんは、ピップ株式会社の商品開発事業本部 広報宣伝課に所属し、同社のテーピングブランドである「プロ・フィッツ」のテーピングインストラクター。ＮＥＳＴＡパーソナルフィットネストレーナーでもあります。日々テーピングの専門家として、各種スポーツ大会においてテーピング施術サービスを行い、テーピングセミナーの講師としてテーピングの重要性も説いています。そんな丸山さんに、年齢を重ねても走り続けるのに効果的なテーピング方法を教えていただきました。

――自分たち世代にとってテーピングというと、「大相撲の力士が負傷しても強行出場するためのもの」というようなイメージだったのですが、ランニング障害の予防にもテーピングは効果的みたいですね？

そうです、ケガの予防にもテーピングは効果的です。まず説明しておきたいのが、テーピングに使うテープは大きく分けて2種類あるということです。ひとつは力士が膝などにぐるぐる巻きにしている負傷箇所を固定するための白いホワイトテープと呼ばれるもの。もうひとつが、私たちが使っているキネシオロジーテープと呼ばれるものです。こちらは適度に伸縮することで筋肉の動きをサポートしてくれ、伸縮率は筋肉のそれと同等に設定されています。

ランニングシーンでポピュラーなのは後者のほうで、筋肉に貼って、多少大袈裟《おおげさ》かもしれませんが、筋肉を増やすようなイメージですね。いつも30㎞で足がつっていたランナーが、正しくテーピングをしたことによって、「35㎞や40㎞、ゴールまで足がつらずに走り続けることができた」というようなことも珍しくありません。関節に使った場合もホワイトテープほど動きを制限することはありませんが、悪いクセや動作を適度に制御、矯正してくれます。ランニングでいえば正しい脚の動きへとガイドしてくれるといったことも期待できますので、ランニング障害の予防にも効果的なのです。

――ランニングに関するテーピングで特に重要なポイントはありますでしょうか？

これはランニングだけでなく、すべてのスポーツに共通するのですが、不安を感じている部分や気になる部分に、筋肉に沿って正しく貼ることが重要です。むやみにたくさん貼ればいいわけでなく、必要な部分だけに貼ってください。

――自分はテーピングのことに関して詳しいわけではありませんが、そんな自分から見ても「この人のテーピングの仕方は膝や足首の可動域を制限しすぎてしまっているよなぁ……」というケースがあって、聞いてみると、まだテーピングに慣れてなくて自分で巻いたというケースが多いですね。

キネシオロジーテープは伸縮性に優れていますが、筋肉に沿って貼るときは引っ張らずに。引っ張るときは10割は伸ばさず、最大でも8割程度の伸ばし具合で貼ることを忘れないでください。引っ張りすぎると提供されるべき機能性が発揮されないだけでなく、肌のかぶれや剥がれの原因にもなります。

大事なレースにテーピングを使用したい場合は、普段のランニング時からテーピングに慣れ親しんでおくことも重要だと思います。特に男性の場合は、テーピングの効果をしっかりと発揮するためにも、体毛は剃ってから貼ってほしいです。

――それでは、自分で貼ることができて、個人的にランナーにおすすめだと思う4種類のテーピングを教えていただきたいと思います。

●膝に痛みや違和感があるときのテーピング

1. 肩幅より少し広めに脚を開き、膝は90度に保った状態で座ります。
2. 膝の両サイドまでの長さのテープを2枚用意します。
3. 1枚を引っ張って、膝のお皿の下に貼ります。このテープでお皿を引き上

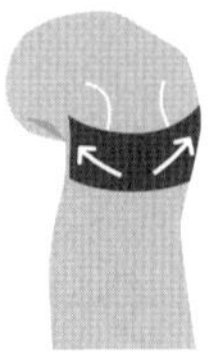

げるようにします。片方の手で貼ったところを押さえ、もう一方の手で紙を剥がしテープを貼ります。テープの端は引っ張らないようにします。

4．貼ったテープの半分上にもう1枚重ねて引っ張って貼り、同じようにこのテープでお皿を引き上げるようにします。片方の手でテープを押さえ、端は引っ張らずに貼ると完成です。

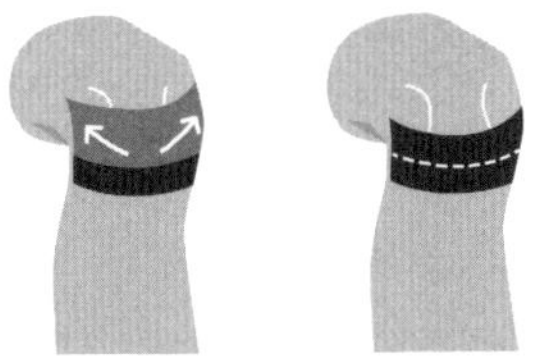

より詳しく知りたい方はこちらを参考にしてください。

https://profits.pipjapan.co.jp/movie/movie011.html

●膝の筋肉サポートのためのテーピング

1．椅子に座り、貼る側の膝を伸ばした状態にします。

2．膝回り1周分、プラス10㎝の長さのテープを用意します。テープを半分に折り、5㎝程残して切り込みを入れ、切り込みの付け根の部分の紙を破って、中央の紙を剥がします。これで貼るまでの準備は完了です。

3. 膝を伸ばした状態で膝裏にテープを引っ張らずに貼ります。
4. 外側の上のテープを引っ張って、お皿を包み込むように貼ります。
5. 外側の下のテープを同じように引っ張って、お皿を包み込むように貼ります。
6. 内側も同じように、上のテープを引っ張って包み込むように貼ります。
7. 内側の下のテープを引っ張って、同じように先に貼ったテープに重ねて貼ると完成です。

より詳しく知りたい方はこちらを参考にしてください。
https://profits.pipjapan.co.jp/movie/movie008.html

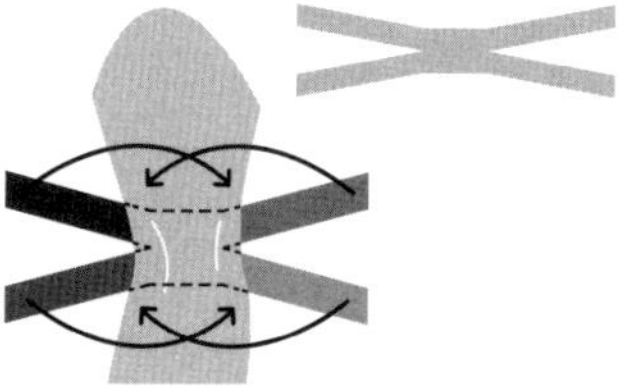

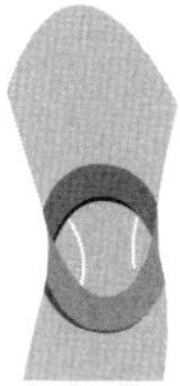

●足首のねんざ予防、ねんざ後の保護のためのテーピング

1. 姿勢は足首を90度にします。
2. テープを引っ張りながら巻いていきます。足の甲の外側からテープを2周巻きます。

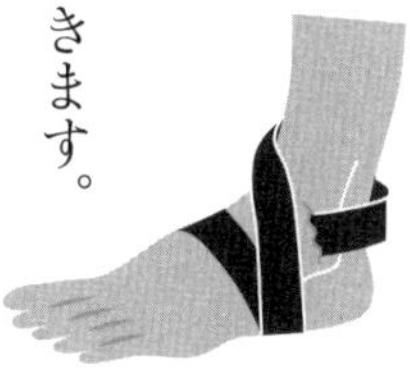

3. 足の外側に来たら、足首の前を通って、アキレス腱を通り、また足首の前を通って巻きます。

4. 同様に足首の回りをもう1周巻き、アキレス腱まで来たら外側の踵に引っかけます。

5. 足首の前を通し、内側も同じように踵に引っかけます。

6. 足首の前を通って、上に巻き上げます。

7. もう1周回して、テープを切れば完成です。

より詳しく知りたい方はこちらを参考にしてください。

https://profits.pipjapan.co.jp/movie/movie027.html

●足首の着地バランスの安定のためのテーピング

1. 椅子に座り、貼る側の足首は90度に保ちます。

2. テープは2枚使います。1枚目は、足裏から両くるぶしの上くらいまでの

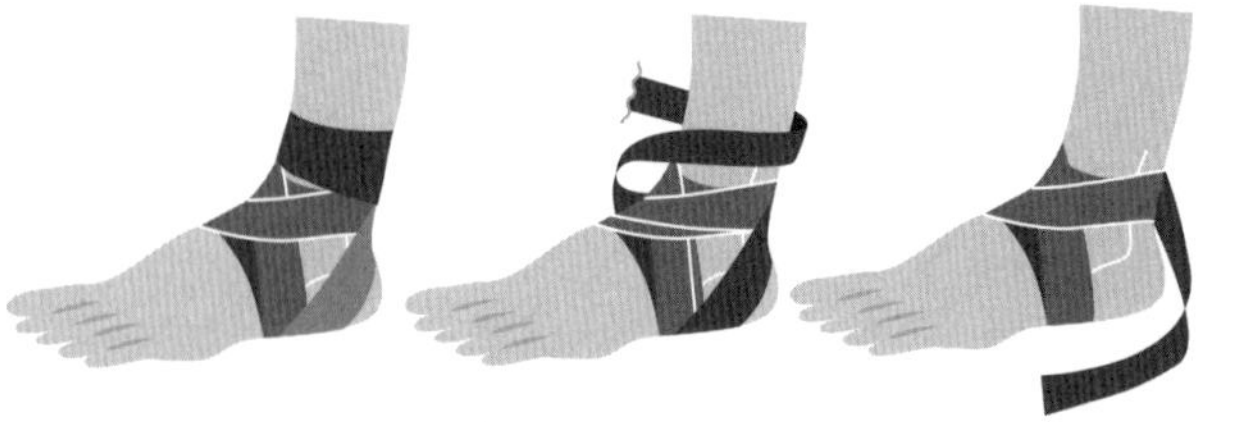

長さに切ります。

3. 2枚目は、足裏から足首の曲がる所を通り、両くるぶしまでの長さのテープを用意します。

4. 1枚目のテープの紙の部分を表にして半分に折ります。この折り目部分の紙を破り、紙は折り返しておきます。

5. 外側のテープのほうから、テープを力強く引っ張って貼ります。

6. 内側も同じように力強く引っ張って貼ります。

7. 2枚目のテープを半分に折って紙を破り、紙は折り返しておきます。

8. 先ほど貼ったテープの半分が重なるようにテープを引っ張って貼ります。

9. 外側のテープを力強く引っ張って足首の前でクロスさせ内側へ貼っていきます。

10. 内側のテープも同じように、力強く引っ張って外側へ貼っていくと完成です。

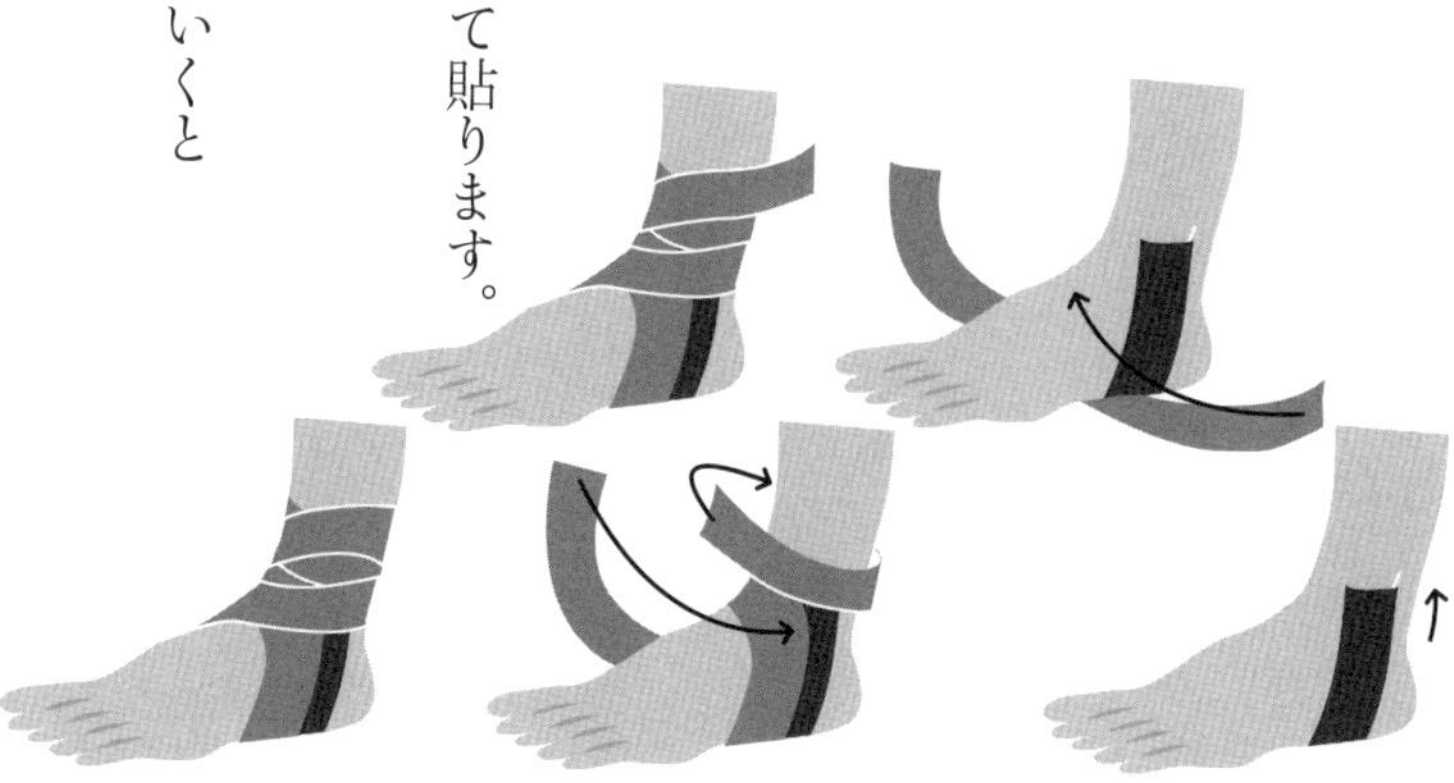

より詳しく知りたい方はこちらを参考にしてください。
https://profits.pipjapan.co.jp/movie/movie023.html

ほぼ毎日走るようになって15年が経過しましたが、これまではランニング障害に悩まされることもほとんどなかったので、テーピングとは無縁でした。

しかしながら4年ぶりにフルマラソンの自己記録を更新したゴールドコーストマラソン2週間前の21㎞走の際に、左膝に違和感を覚えました。強い痛みではないのですが、何か関節が引っかかるように感じたのです。これまで経験したことがなかったので、不安に思いましたが、そのときは何の処置もしませんでした。そして北海道マラソン前の10㎞走でも同じ症状が出たので、北海道マラソンは初めてテーピングをして走り、その結果、左膝の不安を解消してくれたので、続くロンドンマラソンもテーピングして走りました。

ロング走を行うときにはテーピングをするようにして普段から慣れ親しんでおくと、大事なレースの際にも正しい位置にスムーズに貼ることができるのではと思います。

15年間、ほぼ毎日走り続けるために貢献してくれたランニングシューズたち

2007年の11月以来、ほぼ毎日走ってきましたが、モチベーションをキープして、大きな故障もなく過ごしてこれたのは、スポーツシューズのレビューを執筆するという仕事をしていることもあり、各ブランドの様々なタイプのシューズをトライする機会に恵まれたからだと思います。そんな数々のランニングシューズのなかで、特に思い出に残った12足を紹介します。

アシックス GT2130 ニューヨーク（2007年）

衝撃吸収性、着地安定性、そして着地時の足の極端な倒れ込み（オーバープロネーション）の抑制といった初心者ランナーに必要とされる機能を1足に結集したランニングシューズ。履き口周囲のフィット感のよさは他ブランドの追随を許

さず、脚力をロスなくシューズに伝えてくれ、成人後の初ロードレースとなったラスベガスマラソン（ハーフマラソンの部）を無事完走することができました。最初はシルバー／ブルー／オレンジのＮＢＡ ニューヨーク ニックスのチームカラーを思わせるカラーリングを購入後、あまりに走りやすいので、ブラックカラーも追加で購入しました。

ミズノ ウエーブライダー 11（2008年）

ハーフマラソンで1時間50分を切りたいと思うようになったときに、当時ミズノの広報担当者だった知人にすすめられたのが、このシューズ。踵部分に配されたミズノウエーブは、着地時の衝撃を反発力へと変換してくれ、自然と足が前へと出るような感覚が走っていて楽しかったです。着地安定性も高レベルで、「アシックス GT2130 ニューヨーク」が足の保護性に特に注力したシューズだとしたら、「ミズノ ウエーブライダー 11」は、もう少しオフェンシブな印象で、日々のランのペースが1㎞あたり20秒ほど速くなりました。

ナイキ ルナグライド（２００９年）

先に紹介した「アシックス ＧＴ２１３０ ニューヨーク」もそうでしたが、オーバープロネーションを抑制するためにはミッドソールの内側を硬くすることが常套手段として知られています。しかしながらそういった構造だと、着地時に硬さを感じることがあります。ナイキの「ルナグライド」に採用されたダイナミックサポートという機能は、硬さの異なる素材を使用するルナロン クッショニングシステムを採用。中央部の柔らかい角度のついたウェッジ形フォームを、外側の硬めのフォームで覆うことで、オーバープロネーションのランナーと、その心配のないランナーの両方に対応するテクノロジーです。フルマラソンの後半に着地時の足の極端な倒れ込みに悩まされていた自分は、このシューズの効果もあり、２０１１年１月の湘南国際マラソンで、初めて４時間を切ってゴールすることができました。

プーマ ファース５００（２０１２年）

プーマというとサッカーのイメージが強いかもしれませんが、実はランニングシューズにも定評があります。１００ｍや２００ｍといった短距離競技では、ジャマイカのウサイン・ボルトがプーマの契約選手として有名で、彼がマーケティングビジュアルに登場していたのが、このモデルです。バイオライドのミッドソールはクッション性と安定性を高次元で兼ね備えていて、長時間走っても快適な履き心地をキープしてくれ、２０１２年は本当にヘビーローテーションで履きました。ちなみに、このシューズが日本で展開される際に、キャッチコピーの製作のお手伝いをしたこともよい思い出になっています。

オン　クラウドランナー（２０１３年）

スイス生まれのランニングブランドのオンは、日本で展開が始まる最初期から個人的にも注目していたブランド。その自然な着地と爆発的な反発力が印象的で、疲れていて「今日は走るのどうしようかな?」と迷った日に、「クラウドランナー」をよく履いていました。走り終わったときは、「やっぱり今日も走ってよかった!」と心から思える、走れば走るほど楽しくなる走行感が大きな特徴でした。２０１３年の日本進出時こそ知名度は皆無でしたが、今では誰もが知るスポーツブランドに成長。フットウェアだけでなく、スタイリッシュで機能性に優れたアパレルコレクションも好評です。

アルトラ インスティンクト３・０（２０１５年）

アメリカはユタ州生まれのアルトラは、かつてはゼロドロップ、現在はバランスクッションと呼ばれる踵とつま先の高低差がないソールユニットを特徴とするブランド。「ケガのために走れなくなったランナーを再び走らせたい……」という創業者の強い想いから誕生。高低差のないソールユニットは中足部からの着地を促進し、脚全体で着地時の衝撃を和らげることが可能になります。この「インスティンクト３・０」は、自分の足にピッタリとフィットし、まるで自分の足の細部まで採寸したかのようでした。

アディダス ウルトラブースト（２０１５年）

走ることが日課となった２００７年末当時は、普段履きのスニーカーとランニングシューズは別々というのが一般的でした。しかしながらアメリカを中心に24

／7、すなわち24時間、1週間をランニングシューズで過ごすというトレンドが起こり、現在の日本でも、それが一般的となっています。世界的にポピュラーとなった、このムーブメントをリードしたのがアディダスの「ウルトラブースト」でした。スタイリッシュで快適な履き心地のニットアッパーとボリュームたっぷりのブーストフォームを組み合わせることで、高価格にもかかわらず、世界中で大ヒット。自分も何足も保有するお気に入りの1足となりました。

ニューバランス フレッシュフォーム ザンテv2（2016年）

ランニングシューズのテクノロジーというと、ミッドソールと呼ばれる部分に各ブランド独自のパーツをプラスすることが一般的でしたが、ニューバランスの「フレッシュフォーム」は、単一素材の表面をハニカム状に成形することで、高いクッション性を確保しただけでなく、着地時の過度な足の倒れ込みの抑制にも成功していました。この「フレッシュフォーム ザンテv2」は、スタイリッシュなデザインもあり、ランニング時だけでなく普段履きとしても活躍してくれました。2016年のブルックリンハーフマラソンは、このシューズを履いて無事完走したように、高いレベルの走行性能も有していました。

ホカ クリフトン3（2016年）

ホカは、従来の常識では想像できない厚いミッドソールを採用することで、比類なきクッション性を実現したブランド。創業モデルの「マファテ」や「ボンダイ」といったシューズは、一般的なシューズの2倍以上の体積のミッドソールを有していました。しかしながら、この分厚いミッドソールが他ブランドからの履き替えを妨げていたのも事実であり、２０１４年に登場した「クリフトン」は従来のホカと他ブランドの中間レベルのミッドソールの厚さで、このモデルの登場により、同ブランドのシェアは急速に拡大しました。そして、第3弾となる「クリフトン３」は、その美しいアッパーデザインもあり大ヒットモデルに。自分にとってもヘビーローテーションで履く1足となりました。

ナイキ ズームフライ（2017年）

「トップレベルのランナーは薄いレーシングシューズを履く」という従来の常

識を覆したのが、ナイキの「ズーム ヴェイパーフライ４％」です。一般的なランニングシューズと同等の厚さのミッドソールにカーボンファイバープレートを内蔵することで、今までにない推進力を確保して、数々のマラソンの勝者がこのシューズを履いていました。そして、このモデルのテイクダウンバージョンとしてリリースされたのが「ズームフライ」で、買いやすい価格ながら高いレベルの推進力を提供し、２０１８年のゴールドコーストマラソンでフルマラソンの自己記録を更新するのに貢献してくれました。

ブルックス ハイペリオン テンポ（２０２０年）

ニューヨークシティマラソン、ボストンマラソンを始めとして、これまでアメリカ文化圏のロードレースに36回出走していますが、そのときにいつも思うことがありました。それが「マラソンの日はブルックスの着用率が凄い！」ということ。それもそのはず、アメリカのランニング専門店における売り上げ首位のブランドなのです。このことは日本ではあまり知られていませんが、最近は、自分が速めのペースで走りたいときに履くことが多い「ハイペリオン テンポ」が良好なセールスを記録するなど、着実にシェアを拡大しています。

アシックス メタスピード スカイ＋（2022年）

10年以上前のアシックスのトップアスリート向けのレーシングシューズ、たとえば「マラソン ソーティ」などを自分のようなサブ4レベルのランナーが履きこなすことは難しいですが、最近の厚底レーシングシューズは、アシックスの「メタスピード スカイ＋」を始めとして、脚部の筋力を鍛えたり、シューズの使いこなし方をマスターすれば、サブ3・5やサブ4ランナーでも結果を出すことができると思います。実際に2022年7月のゴールドコーストマラソンで、4年ぶりに自己記録を更新できたことがそれを証明していますし、最後まで脚力がしっかり残ったのと、走った翌日も疲労感がほとんどなかったことが印象的でした。

おわりに

２０２２年3月6日に愛知県西尾市で「にしおマラソン２０２２」が開催されました。同日には1年遅れで「東京マラソン２０２１」も行われたことから、全国的にはこちらの陰に隠れたかたちでしたが、マラソン大会の中止が続くなか行われたこともあって、参加したランナーのあいだでは、開催の英断はポジティブに受け取られました。愛知県西尾市は、高校まで過ごした街で、この大会に自分も参加しましたが、最大瞬間風速20ｍを超える悪コンディションもいい思い出。自らが育った街を走ることができたことは本当に嬉しかったです。

　そんな「にしおマラソン２０２２」ですが、今回が第1回で、その前身となったのが50回を超える歴史を誇った「一色マラソン」。実はこの大会を、中学1年と2年のとき走っていたのです。当時バレーボール部に所属していましたが、この大会には強制参加。３kmの部でしたが、それまで走ったことのない長い距離、真冬の寒風吹きすさぶなかを走らなければいけないということで、走る前も走ったあとも友人と不満をぶちまけていたことを憶えています。それが42年後に14倍の42・１９５㎞を喜んで走っているとは、中学生の頃の自分には想像することはできなかったでしょう。それほど「走る」という行為は、現在の自分にとって楽しく、欠かせないものですし、生活の一部といっても過言ではない存在なのです。

今回、この本を執筆するため、数多くの皆さんに「年齢を重ねても走り続けるコツ」をお聞きしました。お話を聞くなかで、目から鱗が落ちるような発見もいくつかありましたが、高橋尚子さんがお話しされていたように「１００人いたら１００通りの走る意味がある」と思います。これまで皆さんが続けてきた「走り」のスタイルに、この本を読むことで得られたヒントをプラスしていただき、より長く走ることの一助になりましたら幸いです。

南井正弘（みない・まさひろ）

フリーライター、ランナーズパルス編集長。1966年愛知県西尾市生まれ。スポーツシューズブランドのプロダクト担当として10年勤務後、ライターに転身。「フイナム」「価格.comマガジン」「モノマガジン」「SHOES MASTER」「Beyond Magazine」を始めとした雑誌やウェブ媒体においてスポーツシューズ、スポーツアパレル、ドレスシューズに関する記事を中心に執筆している。主な著書に「スニーカースタイル」「NIKE AIR BOOK」などがある。
「楽しく走る！」をモットーに、ほぼ毎日走るファンランナー。Abbott World Marathon Majors 6th Star Finisher 世界6大マラソン（東京・ボストン・ロンドン・ベルリン・シカゴ・ニューヨークシティマラソン）を全て完走。ベストタイムはフルマラソンが3時間50分50秒、ハーフが1時間38分55秒。

人《ひと》は何《なん》歳《さい》まで走《はし》れるのか？

不《ふ》安《あん》なく一生《いっしょう》RUN《ラン》を楽《たの》しむヒント

2023年 1月31日　第1刷発行
2023年 4月 8日　第2刷発行

著　者　南《みな》井《い》正《まさ》弘《ひろ》

発行者　樋口尚也

発行所　株式会社 集英社
〒101-8050 東京都千代田区一ツ橋2-5-10
編集部 03-3230-6141
読者係 03-3230-6080
販売部 03-3230-6393（書店専用）

印刷所　大日本印刷株式会社

製本所　ナショナル製本協同組合

集英社学芸編集部公式ウェブサイト
http://gakugei.shueisha.co.jp

集英社学芸編集部公式 Twitter
https://twitter.com/shueishagakugei
(@Shueishagakugei)

集英社学芸編集部公式 Facebook ページ
https://www.facebook.com/shueisha.gakugei

ISBN 978-4-08-781728-7 C0095